Neue

Kleine Bibliothek 327

Gerhard Feldbauer

Giorgia Meloni und der italienische Faschismus

PapyRossa Verlag

Luxemburger Str. 202, 50937 Köln
Tel.: +49 (0) 221 – 44 85 45
Fax: +49 (0) 221 – 44 43 05
E-Mail: mail@papyrossa.de
Internet: www.papyrossa.de

Umschlag: Verlag, unter Verwendung einer Illustration
© by Juan Soto, Buenos Aires
Druck: Interpress

Die Deutsche Nationalbibliothek verzeichnet diese Publikation in der Deutschen Nationalbibliografie; detaillierte bibliografische Daten sind im Internet über http://dnb.d-nb.de abrufbar

ISBN 978-3-89438-804-1

Inhalt

Vorwort

Der Herbst 2022 war für Italienerinnen und Italiener, die sich zum Antifaschismus bekennen, durch ein schockierendes Ereignis gekennzeichnet. Bei den vorgezogenen Parlamentswahlen am 25. September belegte die aus Fratelli d'Italia (FdI, Brüder Italiens) von Giorgia Meloni mit der Lega Matteo Salvinis und der Forza Italia (FI) von Ex-Premier Silvio Berlusconi gebildete rechtsextreme Allianz mit etwa 43 % den ersten Platz. Die Brüder Italiens, die führende Kraft des Bündnisses, wurden mit 26 % erste Partei, gefolgt von der Lega mit 8,8 und der FI mit 8,1 %. Die sogenannten Mitte-links-Parteien – der sozialdemokratische Partito Democratico (PD) und die Fünf-Sterne-Bewegung (M5S) – traten getrennt gegen die vereinten Faschisten an. Der PD schaffte es mit 19,1 % auf Platz zwei, die Fünf-Sterne-Partei auf 15,4 %. Die mit den Verdi (Grünen) angetretene Sinistra Italia (Italienische Linke, SI) erreichte 3,6 %. Der von dem früheren EU-Kommissar Carlo Calenda, Vorsitzender der Zentrumspartei Azione, gebildete »Dritte Pol«, der ein Wahlbündnis mit dem PD abgelehnt hatte, kam auf 7,8 %.[1]

Was ist diesem faschistischen Wahlsieg vorausgegangen? Im Frühjahr 2018 hatte es bei den Parlamentswahlen ein Patt zwischen M5S (33,6 %) und der faschistischen Allianz (35 %) gegeben. Der PD war auf 18,7 % gekommen. Eine Regierung mit diesem lehnte der rechte Sterne-Führer Luigi Di Maio ab und wollte diese stattdessen mit der Lega bilden. Wochenlang feilschten er und Lega-Chef Matteo Salvini um den Posten des Ministerpräsidenten. Schließlich beauftragte Staatspräsident Sergio Mattarella den bis dahin parteilosen

1 Laut amtl. Mitteilung, ANSA, 26.9.2022.

Jura-Professor Giuseppe Conte mit der Bildung einer Regierung, die dieser im Juni mit Unterstützung beider Parteien formierte. Di Maio und Salvini wurden Vize-Premiers. Die Kollaboration mit der Lega, besonders die migrantenfeindliche Politik des zum Innenminister erhobenen Salvini, stieß auf scharfe Proteste an der Sterne-Basis und führte zu wachsendem Wählerschwund. Bereits im Oktober 2018 erlitt M5S bei den Regionalwahlen in Umbrien, wo sie im März mit 27,5 % stärkste Partei geworden war, mit 7,4 % eine katastrophale Niederlage, während die Lega mit 57 % siegte.

Im August 2019 scheiterte Salvini mit dem Versuch, Conte zu stürzen und selbst Regierungschef zu werden. Präsident Mattarella beauftragte Conte daraufhin mit der Bildung einer neuen Regierung. Unter dem Druck der Basis stimmte Di Maio nun einer Regierung mit dem PD, einer sogenannten Linken Mitte, zu, in der er Außenminister blieb. Im Januar 2021 brachte Mario Draghi diese zu Fall und bildete selbst eine sogenannte »Regierung der nationalen Einheit« aus den rechten Parteien – Forza Italia und Lega – mit dem PD und M5S. Der frühere EZB-Banker galt als Garant für die Sicherung der neoliberalen Herrschaft des Kapitals. Mit seinem Rücktritt Ende Juli 2022 verschärfte sich die Krise. Der PD, die entscheidende Stütze Draghis, war nicht mehr in der Lage, sich gegen M5S, die unter dem Druck des linken Teils ihrer Basis Italiens Unterstützung der Ukraine mit Waffen ablehnte, durchzusetzen. Draghis Rücktritt verdeutlichte, dass das neoliberale System seit 2007/08 (Formierung des PD und M5S, siehe Anhang) »nicht mehr in der Lage war, eine stabile Führung über die Gesellschaft auszuüben«. Die politische Ordnung »seither (war) wiederkehrenden Erschütterungen ausgesetzt, die das Kräfteverhältnis zwischen den Klassen zerrüttet und das politische System immer weiter nach rechts verschoben« hatten.[2] Nach Draghis Rücktritt löste Staatspräsident Sergio Mattarella das Parlament auf und setzte für den 25. September 2022 Neuwahlen an. Planmäßig hätten sie im Frühjahr 2023 stattgefunden.

---

2 Stefano G. Azzarà: Der absolute Liberalismus, in: junge Welt, 8./9.9.2022.

Giorgia Melonis FdI war der Regierung Draghis nicht beigetreten. Melonis erklärtes Ziel war, ihn zu stürzen, um vorgezogene Neuwahlen zu erreichen, bei denen sie gewinnen und, wie sie formulierte, »die Führung der Nation« übernehmen wollte. Ihre Haltung und die Aufkündigung der Gefolgschaft für Draghi durch Conte, der nach seinem Sturz die Leitung der Fünf-Sterne-Partei übernahm, bewirkten den Rücktritt Draghis. Im Gegensatz zu Meloni war Contes Hauptmotiv jedoch die Ablehnung der Unterstützung Draghis für den NATO- und EU-Kurs, die Ukraine zu einem Sieg über Russland zu befähigen. Conte trat für eine Verhandlungslösung ein. Der Hintergrund war pragmatisch. Er setzte auf vorgezogene Neuwahlen, um sich dabei Stimmen aus der Bevölkerung, die laut Umfragen zu 60 % Italiens militärische Unterstützung für die Ukraine ablehnte, zu sichern und die Sterne-Partei aus dem Wählertief herauszuholen. Immerhin konnte er damit am 25. September knapp die Hälfte der Wähler von 2018 zurückgewinnen.

In dieser Situation übernahm Draghi als Mann Brüssels in Rom die Schlüsselrolle und sicherte Meloni, wenn sie die Wahlen gewinne, seine Unterstützung zu. Derart gefördert wurden ihre FdI an der Spitze der faschistischen Allianz stärkste Partei. Nachdem der Staatspräsident Meloni den Auftrag zur Regierungsbildung erteilt hatte, wurde am 24. Oktober 2022 die von ihr gebildete Regierung vereidigt.

Die nochmalige Schockwirkung der Regierungsbildung durch Meloni bestand darin, dass sie 100 Jahre nach Mussolinis »Marsch auf Rom« – die faschistische Machtergreifung durch einen Militärputsch, am 28. Oktober 1922 – erfolgte. Darüber konnte auch nicht hinwegtrösten, dass Meloni vermieden hatte, ihre Vereidigung unmittelbar an dem Tag selbst vorzunehmen. Schließlich war sattsam bekannt, dass die Führerin der Brüder Italiens sich offen zum Erbe des »Duce del Fascismo« bekannte und mehrfach erklärt hatte, sie habe dazu ein »unbeschwertes Verhältnis«.

Mit diesem offenen Bekenntnis ist Giorgia Meloni mit ihrer Partei Verkörperung der Kontinuität des Faschismus, die bereits kurz nach dem Ende Mussolinis, an dem am 28. April 1945 ein Partisanenkommando das vom Nationalen Befreiungskomitee verhängte Todesurteil vollstreckte, einsetzte. In der Tat gelang es dem italienischen Faschismus nach Kriegsende, sich als Bewegung weitgehend intakt über seinen politischen und militärischen Zusammenbruch hinwegzuretten und den neuen Bedingungen anzupassen. Sucht man nach den Ursachen für diese Kontinuität, stößt man auf die Fortdauer seiner potenziellen Nützlichkeit. Gefördert von der US-Besatzungsmacht, der es um die Sicherung der Südflanke der künftigen NATO und dazu um die Verhinderung einer linksdominierten Regierung ging, wurde der Faschismus von rechten bourgeoisen Kreisen bis hinein in die regierende Democrazia Cristiana (DC) als Reserve am Leben erhalten, um ihn in Krisenzeiten auch an der Macht zu beteiligen. Das erfolgte dann erstmals 1994 unter Berlusconi mit dem Führer des 1946 als Nachfolger der Mussolini-Partei konstituierten Movimento Sociale Italiano (MSI), Gianfranco Fini, dem Nachfolger des MSI-Gründers Giorgio Almirante. Diese Situation trat nun nach dem Rücktritt Draghis 2022 wieder ein.

Noch im April 2022 hatte Meloni beim Tod von Assunta Almirante, der Witwe des MSI-Gründers am 26. des Monats, ihr Festhalten am unverfälschten Erbe des Mussolini-Faschismus bekräftigt. Der *Corriere della Sera* erinnerte daran, dass Assunta Almirante seit dem Tod ihres Ehemanns als »respektierte Königinmutter und Gralshüterin des Erbes Mussolinis in der Bewegung« galt. Meloni nahm an ihrer Beerdigung in der Basilika Santa Maria in Montesanto auf der Piazza del Popolo in Rom mit zahlreichen führenden Faschisten ihrer FdI, die am Sarg »den römischen Gruß« zeigten, teil. Laut dem *Corriere* würdigte die FdI-Führerin die Frau des MSI-Gründers als »eine Säule des historischen Gedächtnisses der italienischen Rechten« und machte die für sie folgenschwere Bemerkung: »Ich habe ein unbeschwertes Verhältnis zum Faschismus«, anders ausgedrückt, hatte sie »keine Probleme« damit. Dieses in der Tat ihre Haltung wiedergebende Bekenntnis dürfte sie nach ihrem Wahlsieg wohl bereut haben, denn es führte, als ihre Berufung zur Ministerpräsidentin bevorstand, neben der Kritik an ihren EU-feindlichen Positionen zu einem Proteststurm.

Massive Kritik gab es an der von ihr durchgesetzten Wahl von Ignazio La Russa zum Senatspräsidenten, dem zweiten Mann des Staates, der mit ihr 2012 maßgebliche Gründungsfigur der Fratelli Italiens war und neben ihr die personifizierte Verkörperung des Erbes des Mussolini-Faschismus ist. Medien, nicht nur linke wie *Manifesto* oder das Magazin *Contropiano*, sondern auch der Mailänder *Corriere della Sera* und die römische *La Repubblica* berichteten, dass La Russa offen Mussolini verherrlichte, von dem er als zweiten Vornamen Benito übernommen hatte, er im Wahlkampf behauptete, dass alle Italiener »Erben des Duce« seien, er während der Corona-Pandemie öffentlich die Italiener aufrief, sich nicht mehr die zu Hand geben, sondern den »Römischen Gruß« (den rechten Arm zu heben, wie sich Mussolini grüßen ließ, was Hitler als »Führergruß« übernommen hatte) zu zeigen, er öffentlich mit Stolz in seinem Wohnzimmer faschistische Devotionalien und eine Statue Mussolinis vorführte. In Mailand protestierten auf der Piazzale Loreto Antifaschisten gegen die Wahl La Russas und erinnerten an die unter dem Faschismus Mussolinis begangenen »Eroberungen, Massaker und Morde«. Auf Plakaten wurde gezeigt, dass hier am 29. April 1945 die Leichen Mussolinis und weiterer Führer des Faschismus an den Füßen und mit den Köpfen nach unten aufgehängt worden waren – und dass auf dem Platz am 12. August 1944 Mussolini-Faschisten 15 Geiseln so zur Schau gestellt hatten.

Noch bevor Staatspräsident Mattarella ihr den Auftrag zur Regierungsbildung erteilte, unternahm Meloni deshalb eine Kehrtwende. Sie präsentierte sich als zuverlässige »Atlantistin«, gab sich europafreundlich, versprach, alle gegenüber der EU eingegangenen Verpflichtungen zu erfüllen, und bekräftigte, eine von ihr geführte Regierung werde an der militärischen Unterstützung der Ukraine und den Sanktionen gegen Russland festhalten.

Danach versuchte Meloni, noch bevor sie sich zu den Konsultationen, die Staatspräsident Mattarella mit den im Parlament vertretenen Parteichefs zur Regierungsbildung führte, begab, mit einer Verurteilung der »Nazifaschisten« die Proteste zu unterlaufen. Die »Ministerpräsidentin in spe distanziert sich von den historischen Wurzeln ihrer Partei«: Die Deportation der Römer Juden im Oktober 1943 bezeichnete sie nun als »dunkle Stunde« und sprach von einer »Furie der Nazifaschisten«.[3] Dass sie damit nun »den Zorn der Mussolini-Verehrer auf sich« zog, nahm sie vorerst einmal hin, denn es ging darum, dass der Staatschef ihre Ministerriege absegnen musste. Im Übrigen ahmte sie – fast wörtlich – ihren Vorgänger in der AN, Gianfranco Fini, nach, der, als er 1998 vor der Delegierung in den Verfassungskonvent der EU stand, auch kosmetische Korrekturen vornahm und in einem Interview für den israelischen Rundfunk erklärt hatte, seine »Postfaschisten« hätten mit den »Komplizen des nationalsozialistischen Judenmordes« nichts mehr gemeinsam. Das ging schon damals von der Position aus, dass für den Holocaust ausschließlich Hitlerdeutschland verantwortlich sei.[4] Auf dem AN-Kongress im April 2002 korrigierte Fini dann: »wir haben unsere Seele nicht verkauft« und bekannte sich ausdrücklich zur faschistischen Kontinuität. Dementsprechend begab sich zum Abschluss des Kongresses eine Abordnung von 200 Delegierten demonstrativ zur Grab- und Gedenkstätte Mussolinis in Predapio, wo sie die »guten Taten« des »Duce« würdigte und erklärte, »wir schauen in die Zukunft, aber wir werden der Vergangenheit nicht abschwören«.[5]

In ihrer Rede zur Vertrauensabstimmung in der Abgeordnetenkammer am 25. Oktober ging Meloni dann so weit, im Gegensatz zu ihren bisherigen Bekenntnissen zum Mussolini-Faschismus zu behaupten, sie habe »nie mit dem Faschismus sympathisiert«, habe

3 Südtirol News, online portal, 16./17.10.2022.

4 Das geht von der nach 1945 vertretenen Hypothese aus, »die italienischen Rassengesetze seien auf Druck des deutschen Bündnispartners eingeführt worden«. Diese »entbehrt jedoch jeglicher Grundlage«, hielt Gabriele Schneider in »Mussolini in Afrika. Die faschistische Rassenpolitik in den italienischen Kolonien 1936-1941« (Köln 2000, S. 76 f.) fest.

5 La Repubblica, 6.4.2002.

»niemals Sympathie oder Nähe für antidemokratische Regimes empfunden. Für kein Regime, auch nicht für den Faschismus«; ebenso »habe ich die Rassengesetze von 1938 immer als den Tiefpunkt der italienischen Geschichte betrachtet, als eine Schande, die unser Volk für immer prägen wird.»[6]

In *Il Manifesto* schrieb die Chefredakteurin der linken Zeitung, Norma Rangeri, zutreffend, Meloni habe »den großen Sprung vom Status eines Underdogs zum Ansehen einer institutionellen Figur, von der Rolle der Parteiführerin zu der einer Regierungschefin versucht«. Das »mühselige Unterfangen gelang allerdings nicht«. Sie setze den Weg der Kontinuität der Draghi-Regierung mit den »schlimmsten illiberalen, obskurantistischen und faschistischen Regimes in Europa« fort. Sie habe »ihre Hausaufgaben im Sinne derer gemacht«, die sie »jenseits der Grenze beobachten«. Sie habe beschworen, dass sie keine Sympathie für »autoritäre Regime, einschließlich des Faschismus« habe, ohne sich allzu sehr um die vom Fernsehen gesendeten Videos über ihre »leidenschaftliche Wertschätzung für Mussolini«, den »großen Staatsmann« zu kümmern. Heute seien »Freiheit, Gleichheit, Demokratie« die Eckpfeiler ihres neuen Kurses. »Mit der Melonischen Macht, einschließlich der Medien, werden wir sehen, welche imaginäre, welche kulturelle Hegemonie das Land einhüllen wird«.[7]

Ausgehend von den von Sebastian Haffner angeführten Vergleichen, zu denen wir detaillierter kommen, schien ein historischer Rückblick auf Mussolini angebracht. Ebenso zur Kontinuität des Faschismus nach 1945, die zur Regierung unter Berlusconi mit den Mussolini-Nachfolgern führte, die Meloni erklärtermaßen wiederholen will. Hervorzuheben war schließlich auch das Kapitel über das Versagen des viel gepriesenen neoliberalen Systems, das in den Faschismus Berlusconischer Machart mündete. Ausführlich gehe ich auf die Haltung der weiter zersplitterten Opposition ein, frage,

6 ANSA, 25.10.2022.

7 Il Manifesto, 25.10.2022.

wie weit Antonio Gramscis antifaschistische Bündniskonzeption heute noch zutrifft bzw. Wirkung entfalten kann.

Soviel zur Einführung in das Thema. Der Anhang enthält – um einen Überblick zu geben – eine Auswahl der nach dem Zusammenbruch des alten Parteiensystems 1991/92 entstandenen Parteien. Darauf stützt sich der Text, wobei es, um den Zusammenhang zu wahren, gelegentlich Wiederholungen gibt. Unter der Überschrift »Quo Vadis Italia« wird thematisiert, dass der Fortgang der Ereignisse in beträchtlichem Maße vom Ausgang des in der Ukraine geführten Krieges beeinflusst werden dürfte. 60 % der Italiener lehnen die Beteiligung Italiens ab. Der Übergang zu einer Verhandlungslösung, die Meloni bisher ablehnt, was aber in ihrer Koalition umstritten ist, würde für sie eine außenpolitische Niederlage bedeuten.

I.
Ein »unbeschwertes Verhältnis zum Faschismus«

»Der Faschismus ist eine Ausgeburt des Kapitals, und um der Festigung seiner Macht willen ist er bereit, jedes beliebige Mittel einzusetzen – von grausamer Gewalt bis zur geschickten Betäubung der Massen ... mit einem giftigen ideologischen Betäubungsmittel.« Diese Worte schrieb Julius Fučik, kurz bevor ihn die Hitlerfaschisten hinrichteten.

1.
Giorgia Meloni – Karriere einer Faschistin

Die am 15. Januar 1977 in Rom geborene Meloni stammt, wie sie gerne betont, aus den einfachen Verhältnissen einer Angestelltenfamilie. Was sie verschweigt: Ihre aus Sizilien stammende Mutter Anna Paratore gehörte dem faschistischen Movimento Sociale Italiano (MSI) an. Ihr Vater Francesco Meloni war ein aus Sardinien stammender Steuerberater, den sie in einem Interview 2006 als überzeugten Kommunisten bezeichnete, der die Familie, als sie drei Jahre alt war, verließ.[8] Dem Beispiel der Mutter folgend trat sie als 15-jährige Gymnasiastin 1992 in den Fronte della Gioventù (Jugendfront) des MSI ein, einer Kaderschmiede zur Heranbildung des Parteinachwuchses. Von der Mutter, die sie als gebildete Frau schildert, dürfte ihr bekannt gewesen sein, dass es sich beim MSI um eine Wiedergründung von Mussolinis Partito Nazionale Fascista handel-

8 Magazin des Corriere della Sera, 7.12.2006.

te. Und weiter, dass ihr Gründer Giorgio Almirante Staatssekretär des »Duce«, dessen führender Rassenideologe und unter anderem Mitherausgeber des rassistischen Hetzblattes *Difesa della Razza* war. Noch kurz vor Kriegsende gab er einen Befehl zur Erschießung von Partisanen, von diesen »Genickschusserlass« genannt, heraus. Bei der MSI-Gründung zu dessen Vorsitzendem gewählt, bekannte er sich mit der Würdigung des faschistischen Parteiprogramms von 1919 und der Festlegung im MSI-Programm, »die soziale Idee in der ununterbrochenen historischen Kontinuität fortzuführen«, zur Wahrung des Mussolini-Erbes. An dieser Position hielt er bis zu seinem Tod 1988 fest und gab sie an seine Nachfolger weiter. Ein Jahr vor seinem Tod hatte Almirante die Führung des MSI an Gianfranco Fini übergeben, der durch die Kaderschmiede der Jugendfront gegangen und zu ihrem Leiter, wie später auch Meloni, aufgestiegen war. Kenntnisse über das Erbe Mussolinis und seine Übernahme gehörten dort zum Grundwissen, das Meloni ebenfalls erwarb.

1994/95 erlebte sie auch die Umbenennung des MSI in Alleanza Nazionale (AN) mit, bei der es nach dem Eintritt in die Regierung Berlusconis 1994 darum ging, dem nun regierenden MSI Breite zu verschaffen, eine viel größere Gefolgschaft um die AN zu scharen, ohne die Vergangenheit zu leugnen, auf nichts verzichten, sondern die alten Ziele weiter zu verfolgen.[9] Fini hielt, und Meloni folgt ihm hier auch heute noch, am MSI-Parteisymbol fest, der Flamme in den Farben der italienischen Trikolore, die über einem schwarzen Sarg lodert, und, wie die Partei offen propagierte, darstellt, dass »Mussolinis Seele aus dem Sarg emporsteigt, um seine Nachfolger zu ermutigen«.[10] Meloni betonte immer wieder, dass sie stolz auf das Wappen sei. So hatte sie in den 1990er Jahren in einem Interview im französischen Fernsehen gesagt, dass Mussolini ein »guter Politiker« gewesen sei.

9 So die Einschätzung des Historikers Corrado De Cesare in »Il Fascista del Duemilla. Le Radici del Camarata Gianfranco Fini«, Mailand 1995, S. 93 f.

10 Rivolta ideale (MSI-Zeitschrift), Dezember 1946.

Der zum Ehrenvorsitzenden des MSI gewählte Valerio Borghese war unter Mussolini Kommandeur der berüchtigten Decima Flottiglia MAS, der zur Partisanenbekämpfung eingesetzten 10. Torpedobootflottille. Dass er wegen wenigstens 800-fachen Mordes an Partisanen 1950 von einem italienischen Gericht als Kriegsverbrecher verurteilt wurde galt im MSI als »Revanche« der Kommunisten. Die Aufhebung des Urteils auf Betreiben der USA wurde als dessen Rehabilitierung gesehen. Borgheses Versuch, 1970 in einem Putsch die verfassungsmäßige Ordnung zu stürzen und sich zum Präsidenten auszurufen, entsprach der Tradition der »Italiener des siegreichen Angriffs«, zur Rückkehr an die Macht.[11] Dass italienische und NATO-Militärs bereitstanden, Borghese zu unterstützen, sah man im MSI als einen weiteren Beweis seiner Anerkennung und dafür, dass die USA den Faschismus brauchten.[12]

Meloni trat 1992 nicht zufällig am 28. Oktober in die Jugendfront des MSI ein. Es war der 70. Jahrestag von Mussolinis »Marsch auf Rom«, dem faschistischen Putsch zur Machtergreifung. In Rom marschierten an diesem Tag 10.000 Faschisten, darunter zahlreiche Jugendliche in T-Shirts mit dem Bild Mussolinis, durch die Straßen, erhoben die Arme zum »römischen Gruß«, schrien »Duce, Duce« und »Viva il Fascismo«. Die junge Faschistin Meloni dürfte dabei gewesen sein.

Im Parteiblatt *Secolo d'Italia* war am nächsten Tag zu lesen, dass sich am Abend zu einem Bankett mit dem »neuen Duce« 1.200 verdiente Parteikameraden und Veteranen der Bewegung versammelt hatten, unter ihnen die Witwe von Giorgio Almirante, Finis Vorgänger. Unter einem gigantischen Foto Mussolinis stand die aufschlussreiche Losung: »70 Jahre Geschichte, Kampf, Träume. Es lebe der 28. Oktober, es lebe die faschistische Revolution.« Fini rief aus: »Wir schauen in die Zukunft, aber wir halten an unseren Wurzeln fest.« Zur Bekräftigung war selbst die riesige Festtagstorte in der Form der

11 Secolo d'Italia, März 1973.

12 Roberto Faenza / Marco Fini: Gli Americani in Italia, Mailand 1979, S. 261 ff.

Flamme gestaltet, die den »Geist des Duce« verkörpern soll. Im Zeichen der Flamme stimmten die Gäste den alten Choral der Sturmabteilungen an: »Zu den Waffen, wir sind Faschisten«.

Danach fand in Mailand eine weitere Demonstration faschistischer Stärke statt. 5.000 Faschisten in Schwarzhemden, Jugendliche in Kampfanzügen und mit Hakenkreuzen, zogen, Sieg Heil schreiend, durch die Straßen. Am Abend sprach Fini im Teatro Lirico, brachte Lobeshymnen auf den Faschismus aus und sagte, es sei »notwendig, es auszusprechen: Nur dank Mussolini ist Italien 1922 nicht kommunistisch geworden«.

Dreißig Jahre später demonstrierte Meloni ihr Festhalten am unverfälschten Erbe des Mussolini-Faschismus, als Assunta Almirante, die Witwe des MSI-Gründers, am 26. April 2022 verstarb. Der *Corriere della Sera* erinnerte daran, dass diese seit dem Tod ihres Gatten als »respektierte Königinmutter und Gralshüterin des Erbes Mussolinis in der Bewegung« galt. Meloni nahm teil an der Beerdigung in der Basilika Santa Maria in Montesanto auf der Piazza del Popolo in Rom – zusammen mit zahlreichen führenden Faschisten ihrer FdI, die am Sarg »den römischen Gruß« zeigten. Laut dem *Corriere* würdigte die FdI-Führerin die Frau des MSI-Gründers als »eine Säule des historischen Gedächtnisses der italienischen Rechten« und fügte hinzu: »Ich habe ein unbeschwertes Verhältnis zum Faschismus.«

Ab Mai 1994 erlebte Meloni die von Berlusconi mit dem in AN umgetauften MSI und der Lega gebildete Regierung, die *Il Manifesto* am 15. Mai 1994 als eine »schwarze Regierung aus Faschisten und Monarchisten, Lega-Leuten und christdemokratischem Schrott, Industriellen, Anwälten und Managern der Fininvest«[13] charakterisierte. AN-Führer Fini bekräftigte seine bekannten Treuebekundungen zu Mussolini sowie die Aktualität von dessen Erbe und feierte den »Duce« als den »größten Staatsmann des Jahrhunderts«. Er beantragte, das in der Verfassung verankerte Verbot der Mussolini-Partei aufzuheben, um damit deren faschistische Herrschaft zu rehabili-

13 Fininvest ist das Firmen- und Medienimperium Berlusconis.

tieren. Altfaschist Pino Rauti, die in den Senat gewählte Nummer zwei der Bewegung, sekundierte: »Wir sollten uns daran erinnern, dass hinter uns der Marsch auf Rom liegt, der Korporativismus, der Zweite Weltkrieg gegen die Plutokratien, die Repubblica Sociale«. Rauti nannte das »bleibende Werte, (…) ein kulturelles und programmatisches Vorratslager, aus dem wir schöpfen«.[14]

Der G8-Gipfel im Juli 2001 in Genua bot eine Bühne für Berlusconi, der vorher auf einem Gipfel der EU in Göteborg vor den mehrheitlich sozialdemokratischen Regierungschefs provokatorisch erklärt hatte, Italien von Kommunisten und Exkommunisten (den sozialdemokratischen Linken) »zu befreien«, wie er gedachte, ebendies zu verwirklichen. Ein Carabinieri tötete den Studenten Carlo Giuliani aus einem Jeep heraus mit einem gezielten Schuss. Insgesamt wurden während des Gipfels mehr als 600 Demonstrantinnen und Demonstranten festgenommen und in »Gefangenensammelstellen« gepfercht. Viele davon wurden bei der Festnahme in ihrem Nachtquartier, der Diaz-Schule, blutig zusammengeschlagen, 54 von ihnen in einer Carabinieri-Kaserne unter Hitler- und Mussolini-Bildern gefoltert, während sie »Viva il Duce« rufen mussten.

Der Arzt und Präsident der italienischen Liga zur AIDS-Bekämpfung, Vittorio Agnoletto, erklärte, in Genua habe eine Operation wie in Chile unter Pinochet stattgefunden. Bodo Zeuner von der Freien Universität Berlin warnte, »wenn Polizisten, wenn Spezialeinheiten der Polizei es sich herausnehmen, politisch unliebsame Personen, wie in Genua geschehen, mitten in der Nacht zu überfallen und brutal, ja lebensgefährlich zu verprügeln, dann ist es zu Folterkellern wie denen der SA im Deutschland von 1933 nur noch ein Schritt. Wer den Überfall auf die Armando-Diaz-Schule in Genua als irgendwie entschuldbar durchgehen lässt, leistet Beihilfe zu einer schleichenden Faschisierung der Gesellschaft.« Das war, wie Fausto Bertinotti, Sekretär von Rifondazione Comunista (PRC), einschätzte, Berlusconis Ziel: »Systematisch jeden Widerstand zu zerschlagen

---

14 Zitiert nach: L'Unità (Zeitung des PCI, ab 1991 des PDS), 18.5.1994.

und sein Emporkommen unmöglich zu machen«, um »einer politischen Wende in Richtung eines faschistischen oder autoritären Regimes« den Weg freizumachen.[15] Diesen Regierungskurs Berlusconis nannte Literaturnobelpreisträger Dario Fo im Januar 2002 in einem Vortrag vor dem Collège international de Philosophie in Paris eine »Etablierung des Faschismus«, Umberto Eco sah darin ein Erbe des »übelsten Faschismus« des »Duce«. Antonio Tabucchi verglich Berlusconi in einem Text mit dem Titel »Im Reich des Heliogabal«[16] mit eben jenem römischen Kaiser und charakterisierte seine Herrschaft als »eine orientalische Form der Despotie nach jener Art, die Heliogabal über Rom errichtet hatte«. Schriftsteller und Kulturschaffende wie Luigi Malerba, Angelo Bolaffi, Silvia Ballestra, Nanni Moretti und Stefano Benni unterschrieben mit rund 200 weiteren bekannten Intellektuellen einen von Gian Mario Anselmi und Alberto Asor Rosa initiierten Appell, die grundlegenden Freiheiten der Demokratie und des zivilen Lebens zu verteidigen.[17] Der für seine mutigen Untersuchungen faschistischer Attentate bekannte Mailänder Generalstaatsanwalt Gerardo D'Ambrosio mahnte öffentlich, den verfassungsfeindlichen Machenschaften Berlusconis entgegenzutreten, sonst werde »die Demokratie im Dunkel der Nacht versinken«.[18]

Wenn Meloni bei ihrer Ankündigung, für das Amt der Ministerpräsidentin zu kandidieren, erklärte, dass »die Identität, die Ziele von Mitte-rechts[19] bekannt sind, und es darum geht, sie ins Werk zu set-

15 PRC-Zeitung Liberazione, 24.6.2001.

16 Elagabal, Oberpriester des Kultes des gleichnamigen Sonnengottes, der von 218 bis 222 römischer Kaiser war. Er galt als der verrufenste römische Herrscher und wurde von meuternden Soldaten erschlagen.

17 Susanne Schüssler (Hg.): Berlusconis Italien. Italien gegen Berlusconi, Berlin 2003.

18 In: Liberazione, 13.4.2002.

19 Als Mitte-rechts (Centro Destra) wurden in der Zeit der Herrschaft der Democrazia Cristana (DC) von dieser mit den Liberalen und Sozialdemokraten gebildete Regierungen genannt, aus denen die MSI-Faschisten ausgeschlossen waren. Zur Verdeckung ihres faschistischen Charakters bezeichneten sich die erstmals von Berlusconi 1994 mit MSI/AN und der Lega gebildeten Bündnis-

zen«, bedeutete das nichts anderes, als dass sie ein ähnliches Regime der Unterdrückung jedweden Widerstandes zu errichten gedachte. Dabei wird sie nach der derzeitigen Lage der Dinge, zumindest vorerst, auf Terror, wie ihn Berlusconi in Genua praktizierte, verzichten können. Denn, wie die preisgekrönte sardische Schriftstellerin Michela Murgia, Mitbegründerin der »Initiative zur Rettung von Flüchtlingen in Seenot«, festhielt, erfolgt der »Übergang« zum Faschismus heute nicht mehr mit »klassischer Waffengewalt«, sondern »durch die Manipulation der demokratischen Instrumente«, mit der man »ein ganzes Land faschistisch machen kann, ohne auch nur einmal das Wort ›Faschismus‹ auszusprechen«. Das bezieht sich auf die von Berlusconi begründete Herrschaft der »Videokratie«, die von Salvini im digitalen Zeitalter auf Facebook, Instagram, Twitter, in Talkshows, in den klassischen Medien perfektioniert wurde. Nicht zu vergessen die Rolle vieler Mainstream-Medien, die das mit ihren täglich stereotyp verkündeten Berichten über den zu erwartenden Wahlsieg Melonis festschrieben.

An Berlusconi wollte sie erstmal mit dem Angriff auf die Verfassung anknüpfen, um ein Präsidialregime zu errichten, wie dieser es bereits in seiner ersten Regierungszeit 1994 verfolgte. Der Medientycoon wollte schon damals die Direktwahl des Staatspräsidenten und des Ministerpräsidenten einführen und den Senat als zweite Kammer abschaffen. Aus der Verfassung sollten 84 der 184 Artikel gestrichen oder abgeändert werden. Der damalige Präsident des Verfassungsgerichts, Ettore Gallo, nannte das einen »Staatsstreichversuch«. Meloni kündigte nun erst einmal an, mit der Direktwahl des Staatspräsidenten zu beginnen. Ex-Premier Berlusconi begrüßt das nicht nur als Verwirklichung seiner vormals gescheiterten Pläne, sondern verlangte obendrein, dass für diesen Fall der nach den bisherigen Grundsätzen der Verfassung, das heißt von beiden Kammern des Parlaments 2021 gewählte Präsident Sergio Mattarella,

---

se und Regierungen auch so. Das wird auch von der von Meloni angeführten Allianz ihrer FdI mit der Forza Berlusconis und der Lega Salvinis und der von ihnen jetzt gebildeten Regierung so fortgesetzt.

sofort zurückzutreten habe. Insofern gehe es bei der kommenden Wahl um »die Verteidigung der Verfassung oder um ihren Sturz«, stellte der Sekretär des sozialdemokratischen Partito Democratico (PD), Enrico Letta, klar.

Von 2006 bis 2008 wurde Berlusconis Herrschaft von einer Mitte-links-Regierung unter dem Christdemokraten Romano Prodi unterbrochen. Im Januar 2008 erlitt Prodi im Senat eine Abstimmungsniederlage und musste zurücktreten. Berlusconi wurde beschuldigt, für den Sturz Prodis einen Senator der Mitte-links-Koalition mithilfe von drei Millionen Euro auf seine Seite gezogen zu haben. 2015 wurde er deswegen von einem Gericht in Neapel in erster Instanz zu drei Jahren Haft verurteilt. Am 1. August 2013 war er bereits wegen Steuerbetrugs während seiner Amtszeit in letzter Instanz zu vier Jahren Haft verurteilt worden. Die auf ein Jahr reduzierte Strafe konnte der damals 77-Jährige 2014 altersbedingt im Sozialdienst ableisten. Noch vor seinem Rücktritt war sein engster Vertrauter, Senator Marcello Dell'Utri, wegen Komplizenschaft mit der Mafia in zweiter Instanz zu sieben Jahren Haft verurteilt worden. Dabei kam auch ans Licht, dass Berlusconi in den 70er Jahren den Mafiaboss Vittorio Mangano als Hausmeister in seiner Villa San Martino in Arcore bei Mailand beschäftigt hatte.

In diese korrupte, von Berlusconi wieder mit der AN und der Lega gebildete Regierung, trat Giorgia Meloni als 31-Jährige im Mai 2008 als Ministerin für Jugend und Sport ein. Im Kabinett saß sie zusammen mit Umberto Bossi, zu dieser Zeit Lega-Vorsitzender, ihren heutigen Ministern Roberto Calderoli und Roberto Maroni. Im Wahlkampf hatte die Lega gefordert, illegale Einwanderer in Lager zu sperren, Bossi geäußert, es sei leider »leichter Ratten zu vernichten als Zigeuner auszurotten«.[20] Meloni diente mit diesem »Zigeuner-Ausrotter« und seinen Komplizen Berlusconi bis zu dessen Fall im November 2011. Und dabei blieb es nicht. Als im November 2022 Roberto Maroni verstarb, würdigte sie auf einer Pressekonfe-

20 Süddeutsche Zeitung, 16.4.2008.

renz diesen Rassisten als »einen Freund« und einen »der fähigsten Menschen, die ich in meinem Leben getroffen habe«.[21]

Die FdI-Führerin, die heute ihr soziales Engagement und ihr Eintreten für Gerechtigkeit betont, machte widerspruchslos die Politik ihres Kabinettschefs Berlusconi mit, der laut dem Mailänder *Espresso* die »persönlichen Interessen über die des Staates« stellte, eine »ineffiziente und unverantwortliche Regierungsführung« praktizierte und laut dem damaligen FIAT-Präsidenten und Agnelli-Erben, Luca Cordero di Montezemolo, Schuld am Bankrott des Landes und »der beispiellosen Staatskrise« war.[22] Meloni hatte auch nichts dagegen, dass 2012 für Mussolinis Kriegsminister Marschall Rodolfo Graziani, im Oktober 1922 Teilnehmer am »Marsch auf Rom«, u. a. verantwortlich für barbarische Massaker an Zehntausenden Äthiopiern, in dessen Geburtsort am Rande der Hauptstadt eine Gedenkstätte errichtet wurde.[23] Betrachten wir auch einmal, wie Meloni, die sich im Wahlkampf auch als Verfechterin der Würde der Frauen darstellte, als Ministerin tatenlos zugeschaut hatte, wie ihr Regierungschef sich bei als Bunga-Bunga-Partys verharmlosten Sexorgien offensichtlich an minderjährigen Prostituierten verging.

Bei den Kommunal- und Bürgermeisterwahlen im Mai 2011 erlitt Berlusconi schwere Niederlagen. Seine Partei Forza Italia, die er in Popolo della Libertà umgetauft hatte, sackte von 47 % bei der Parlamentswahl 2008 auf 30 % ab. Dann stimmten bei einem Referendum mehr als 90 % für die Aufhebung einer »Lex Berlusconi«, die ihn als Ministerpräsidenten vor strafrechtlichen Ermittlungen und gerichtlichen Anklagen schützte. Es folgten ein Generalstreik im September und danach anhaltende Massendemonstrationen mit nicht mehr zu überhörenden Rufen nach dem Rücktritt des korrupten Regierungschefs. In Meinungsumfragen sank die Zustimmung

21 ANSA, 23. November 2022.

22 Vgl. »Berlusconis Ex-Freunde basteln Gegenbündnis«, in: Financial Times Deutschland, 6.4.2010; Corriere della Sera, 18.8.2010.

23 Der Spiegel, 9.8.2021.

für den Medientycoon, der immer prahlte, vom Volk gewählt und geliebt zu sein, auf 22 %. Schließlich trat Berlusconi am 12. November 2011 zurück.

AN-Führer Fini brach in dieser Lage mit Berlusconi und wollte, gedeckt von FIAT-Chef und Confindustria-Präsident Montezemolo, zur Zusammenarbeit mit dem sozialdemokratischen Partito Democratico übergehen. Die AN geriet in eine Krise und für Meloni kam die Stunde der Bewährung. Und sie zeigte, was sie in der Kaderschmiede von MSI/AN gelernt hatte. Um zu verhindern, dass die Mitglieder Fini folgten, gründete sie 2012 gemeinsam mit dem MSI/AN-Aktivisten und Mussolini-Bewunderer Ignazio La Russa (den sie nach ihrem Wahlsieg zum Senatspräsidenten und damit zweiten Mann im Staate machte) sowie einer Mehrheit der AN-Mitglieder die Partei Fratelli d'Italia. Zu den Mitbegründern gehörte auch der letzte Verteidigungsminister Berlusconis, Guido Crosetto, der das sinkende Schiff verlassen und zur AN gewechselt war.

Bei der Namensgebung der Nachfolgepartei griff sie auf die schon von Fini bei der Umtaufung des MSI in AN praktizierte nationale Demagogie zurück und wählte den Namen unter Rückgriff auf die italienische Nationalhymne. Obendrein konnte sie so vorgeben, sie greife Traditionen des PCI, der kommunistischen Partei, auf. Denn auf dessen Initiative war bei der Verabschiedung der Verfassung am 22. Dezember 1947 die in der Revolution von 1848 komponierte Hymne Fratelli d'Italia (Brüder Italiens) als Nationalhymne bestimmt worden.[24]

2014 wurde Meloni zur FdI-Vorsitzenden gewählt. Ihr strategisches Werk war der Erhalt einer faschistischen Bewegung als das, was sie für den reaktionärsten Teil des Kapitals immer war: eine Eingreifreserve in Krisenzeiten.

---

24 Das war wir folgt vor sich gegangen: Auf den Zuschauerrängen saß eine Abordnung der kommunistischen Garibaldi-Brigaden, die nach der Annahme der Verfassung die in der Revolution von 1848 komponierte Hymne Fratelli d'Italia (Brüder Italiens) anstimmte. Sie wurde von den Abgeordneten mitgesungen und zur Nationalhymne erhoben.

Den harten Kern der Faschisten um sich zu scharen, gelang Meloni nur mit Bezug auf Mussolini, deshalb kann sie die Flamme auch nicht aus ihrem Parteilogo streichen, denn dann würde sie einen Teil ihrer Wähler an die Lega verlieren. Innerhalb des »Mitte-rechts-Bündnisses« war und ist Meloni eine ausgesprochene Hardlinerin, die – im Gegensatz zu Berlusconi und Lega-Chef Matteo Salvini – Kompromisse mit dem PD oder der Fünf-Sterne-Bewegung samt und sonders ablehnte. Demgemäß trat sie auch nicht in Mario Draghis »Regierung der nationalen Einheit« ein. Ihre Nähe zum Mussolini-Faschismus stellte sie erneut unter Beweis, als sie zu den EU-Wahlen 2019 den Urenkel des »Duce«, Caio Giulio Cesare Mussolini, aufstellen ließ. Dessen Aussage, er sei »stolz« auf seinen Urgroßvater, nahm Meloni zum Anlass, ihn eine »Bereicherung« ihrer Wahlliste zu nennen.

Mit dem Manöver, das der amtierende Premier, der frühere EZB-Banker Draghi, mit seiner Erklärung, er werde auch einer von Meloni geführten Regierung zustimmen, setzte auch Brüssel ganz offen auf die faschistische Alternative. Wie *Manifesto* enthüllte, erwog Draghi, der Statthalter Brüssels in Rom, nach dem Wahlsieg Melonis ins Präsidentenamt zu wechseln, weil man laut der linken Zeitung meinte, die Faschisten so »domestizieren« zu können. Diese Mär ist nicht neu. Schon zu Mussolinis 1922 gebildeter erster Regierung, der sieben Minister bürgerlicher Parteien angehörten, wurde verbreitet, der »Duce« müsse die Macht mit ihnen teilen und könne so unter Kontrolle gehalten werden. Das hat sich bekanntlich als eine Illusion erwiesen.

2. Bekenntnisse zu den Verbrechen Mussolinis

Wenn Giorgia Meloni erklärt, sie habe ein »unbeschwertes Verhältnis« zum Faschismus unter Mussolini, dann muss man die barbarischen Verbrechen sehen, die unter dessen Diktatur von 1922 bis 1945 begangen wurden. Das Morden begann schon vor dem »Marsch auf

Rom«. Unter dem Terror der Sturmabteilungen Mussolinis fanden bereits 1920 2.500 Italiener (Männer, Frauen, Kinder und Greise) den Tod, wurden im ersten Halbjahr 1921 ungefähr 1.500 Menschen durch Kugeln, Messer und Schlagstöcke getötet, 20.000 Bewohner aus Städten ausgewiesen oder mittels Drohungen zur Flucht gezwungen. In der Emilia-Romagna, der Toskana, in Umbrien terrorisierten die Sturmabteilungen 15 Millionen Menschen.[25] Im ersten Halbjahr 1921 wurden nach unvollständigen Angaben 726 proletarische Einrichtungen zerstört, darunter 17 Zeitungsredaktionen und Druckereien, 59 Volksheime, 119 Gewerkschaftszentralen, 107 Genossenschaften, 141 Lokale der Sozialisten und Kommunisten, 100 Kulturheime, 10 Volksbibliotheken und -theater sowie 53 Arbeiter- und Erholungsheime.[26]

Auf Mussolinis persönlichen Befehl wurde im Juni 1924 der Sozialistenführer Giacomo Matteotti, der den Terror zu den Scheinwahlen entlarvt und zum Sturz des »Duce« aufgerufen hatte, ermordet. Mit der Verfolgung der »Großitalien«-Pläne führte Mussolini völkerrechtswidrige Kolonisierungskriege mit unzähligen Kriegsverbrechen. 1939 annektierte er Albanien als Kolonie. Bereits 1925 wurden Tripolitanien und 1929 der Fessan erobert. Bei der Unterjochung der Kyrenaika 1930 (alle genannten Gebiete gehören heute zu Libyen) wurden Konzentrationslager errichtet, in die 80.000 Nomaden eingesperrt wurden. Viele verhungerten dort oder fielen Seuchen zum Opfer.

Bei der Eroberung Äthiopiens (damals Abessinien) 1935/36 wurde auf Befehl Mussolinis das Giftgas Yperit abgeworfen. Viele der während des Überfalls getöteten etwa 275.000 Menschen, kamen durch das Yperit um. Um keine Berichte über den Giftgaseinsatz an die Öffentlichkeit kommen zu lassen, ordnete Mussolini am 30. April 1936 persönlich an, gefangen genommene Europäer,

25 Ordine Nuovo, 23.7.1921.

26 Angelo Tasca: Glauben, gehorchen, kämpfen. Der Aufstieg des Faschismus in Italien, Wien 1991, S. 439.

die in der äthiopischen Armee gekämpft hatten, zu erschießen. Marschall Rodolfo Graziani, Generalgouverneur von Italienisch Ostafrika, befahl am 19. Februar 1937 nach einem erfolglosen Attentat, das auf ihn verübt worden war, ein Massaker, dem allein in der Hauptstadt 30.000 Menschen zum Opfer fielen. Er ordnete an, die äthiopische Intelligenz als einen potenziellen Oppositionsherd zu liquidieren. Unzählige christlich-koptische Geistliche und alle Kadetten der Militärakademie von Addis Abeba wurden umgebracht. Nur auf den Verdacht hin, dass sie an dem Attentat beteiligt gewesen sein könnten, ließ Graziani im Mai 1937 nahezu 300 Ordensbrüder des Klosters Debre Libanos erschießen. Unzählige Äthiopier sperrte das Kolonialregime in Konzentrationslager, wo die meisten elend zu Grunde gingen. Insgesamt kamen unter der faschistischen Herrschaft etwa 750.000 Äthiopier ums Leben. Meloni hatte, wie bereits erwähnt, dennoch nichts dagegen, dass 2012 für Graziani in dessen Geburtsort am Rande der Hauptstadt eine Gedenkstätte errichtet wurde.

Der rassistische Ideologe Julius Evola, dessen Herrenmenschentheorien MSI-Gründer Almirante übernahm, verherrlichte in seiner Schrift »Söhne der Sonne« die arische Rasse, Führerkult, soldatische Disziplin und den Ordensstaat. Angelo Del Boca und Mario Giovanna haben Evolas Rassismus festgehalten und analysiert: Evolas »Söhne der Sonne« seien Herrenmenschen, die gegenüber »jeglicher Schwäche unerschütterlich« seien, für die »nichts wahr und alles erlaubt ist«. Außer den »Herren« würden nur Sklaven existieren. Die Masse bestehe nur aus Dienern, aus »Leuten, die überhaupt keine Rechte haben«, auch nicht das Recht auf Leben, und über deren Vernichtung »man keine Träne zu vergießen braucht«.[27] Das auf dieser rassistischen Ideologie beruhende, im Juli 1938 von Mussolini verkündete »Rassenmanifest«, mit dem grundsätzlich und wesentlich die faschistischen Rassengesetze Hitlerdeutschlands übernommen

27 Angelo Del Boca / Mario Giovanni: I Figli del Sole. Mezzo Secolo di Nazifascismo nel Mondo, Mailand 1965.

wurden, hat Melonis Verbündeter, Lega-Vorsitzender Matteo Salvini nie zurückgewiesen.

Zusammen mit Hitlerdeutschland beteiligte sich Italien 1936 bis 1939 an der Niederschlagung der Spanischen Republik und ihrer Volksfrontregierung. Mussolini schickte dazu ein Interventionskorps von 120.000 bis 150.000 Mann nach Spanien. Als am 28. März 1939 die Verbände Mussolinis zusammen mit den Truppen des »Caudillo«, also Francos, in Madrid einmarschierten, waren dem Krieg gegen die Spanische Republik über eine halbe Million Menschen zum Opfer gefallen.

Mit dem Eintritt in den Zweiten Weltkrieg am 10. Juni 1940 beteiligte sich Italien an der Seite Hitlerdeutschlands an den barbarischen Völkermorden und Kriegsverbrechen. Zum Überfall auf die UdSSR schickte der »Duce« eine 230.000 Mann zählende Ostarmee (ARMIR), die bis auf einige Tausend von der Wehrmacht in der Schlacht am Don im November 1942 rücksichtslos verheizt wurde. Mussolini führte, teils an der Seite der Wehrmacht, völkerrechtswidrige Angriffskriege in Griechenland, Ägypten, Sudan, Britisch-Somaliland, Kenia und Libyen, die für ihn mit katastrophalen Niederlagen endeten.

In der von Mussolini auf Geheiß Hitlers im Oktober 1943 in Norditalien ausgerufenen Repubblica Sociale Italia (RSI) mit Regierungssitz in Salò am Gardasee führten Wehrmacht, SS, SD, Gestapo und Sicherheitspolizei mit Mussolinis Erfüllungsgehilfen – den Camicie Nere (Schwarzhemden) und der Miliz – einen erbarmungslosen Vernichtungskrieg gegen die italienische Bevölkerung. Für Geiselerschießungen, das Niederbrennen von Dörfern, Mord und Folter stehen als Beispiele die Ardeatinischen Höhlen bei Rom (335 durch Genickschuss ermordete Geiseln), die Gemeinde Marzabotto (1.830 auf grausame Weise umgebrachte Bewohner) oder der Fall des SS-Henkers von Mailand, Hauptsturmführer Savaecke (verantwortlich u. a. für die Ermordung von über 2.000 Juden und Widerstandskämpfern). Wie der Historiker Gerhard Schreiber festhielt, wurden in der Salò-Republik im statistischen Mittel – ohne die gefallenen Partisanen und regulären Soldaten einzubeziehen – täglich 165 Kinder, Frauen und Männer jeden Alters umgebracht. Nicht erfasst sind in diesen Opferzahlen auch die 40.000 italienischen Juden, die aus der RSI in die Konzentrationslager verschleppt wurden, wo die meisten umgebracht wurden. Ebenso nicht enthalten in diesen Zahlen sind die rund 30.000 italienischen Soldaten, die sich nach der Kapitulation weigerten, in der Salò-Republik an der Seite der Wehrmacht weiterzukämpfen, in Lagern ermordet wurden. Auch damit, man kann es gar nicht oft genug wiederholen, hat Giorgia Meloni also keine Probleme.

Denn wenn Meloni in ihrer Rede am 25. Oktober 2022 vor der Abgeordnetenkammer, entgegen ihren früheren Bekenntnissen zum Faschismus Mussolinis, versuchte, sich davon zu distanzieren, scheitert das an den Tatsachen. Zu denen, die die eben angeführten Verbrechen in der RSI begingen, gehörte der bereits charakterisierte Staatssekretär des »Duce«, Giorgio Almirante.

3.
Zum Rassismus

In ihrer Regierungserklärung im Verlauf der Debatte zur Vertrauensabstimmung vor der Abgeordnetenkammer am 25. Oktober hat Giorgia Meloni, wie bereits erwähnt, ihre Bekenntnisse zum Mussolini-Faschismus widerrufen und auch behauptet, sie habe »die Rassengesetze von 1938 immer als den Tiefpunkt der italienischen Geschichte betrachtet, als eine Schande, die unser Volk für immer prägen wird.« Ihr Hauptverbündeter in der jetzigen Regierung ist der Führer der seit ihrer Entstehung einen fanatischen Rassismus vertretenden Lega, Matteo Salvini. Wenden wir uns der Person zu, der sie in ihrer Regierung ein Ministeramt anvertraut hat. Vorauszuschicken ist, dass Giorgia Meloni nicht nur voll und ganz hinter dem rassistischen Kurs ihres Verbündeten steht, sondern ihn sogar noch überbieten will. So als sie im Wahlkampf 2022 forderte, aus Libyen flüchtende Migranten sollten bereits vor dessen Küste von der italienischen Küstenwache abgefangen und in die dortigen Lager, wo sie Folterungen und Vergewaltigungen ausgesetzt sind, zurückgebracht werden. Lassen wir also auch hier einige Fakten sprechen, wobei »einige« zu betonen ist, denn man kann damit ganze Bücher füllen.[28]

Bei seinem rassistischen Kurs, der auf die Vertreibung von etwa einer halben Million Migranten aus Italien zielte, bekannte sich Melonis Verbündeter ausdrücklich zu dem von Mussolini am 19. April 1937 erlassenen Dekret »zur Verteidigung der Rasse«, dem am 14. Juli 1938 das »Rassenmanifest« folgte, in dem grundsätzlich die faschistischen Rassengesetze Hitlerdeutschlands übernommen wurden, und forderte, den »Begriff der Rasse« wieder einzuführen und einen »Sonderbeauftragten für Roma und Sinti« zu ernennen. In Italien sei Rassismus wieder »offizielle Politik geworden«, kommentierte der Soziologieprofessor an der Universität von Genua, Alessandro Dal Lago, diese schockierenden Äußerungen.[29]

Dass Meloni mit Rassisten, die bedauerten, es sei leider »leichter, Ratten zu vernichten, als Zigeuner auszurotten« gemeine Sache machte und weiter macht, wurde bereits erwähnt. Fügen wir noch hinzu, dass der Lega-Senator Roberto Calderoni, unter Berlusconi zweimal Minister, zuletzt von 2008 bis 2011 zeitgleich mit Meloni, sich 2013 hinter Morddrohungen gegen die in der Demokratischen Republik Kongo geborene Ministerin für Integration der PD-Regierung, Cécile Kyenge, stellte und sie aufs Übelste diffamierte – sie solle sich »zu den Kamelen in der Wüste« scheren, um »mit den Affen zu tanzen«.

Am 11. März 2017 verkündete Salvini in Neapel, diese rassistische Ideologie werde Grundlage der Politik sein, wenn die Lega an die Regierung komme. Dann werden wir, drohte er »die Roma-

28 Vgl. u. a. Lorenz Gallmetzer: Von Mussolini zu Salvini, Wien 2019.

29 Interview mit dem Autor, in: junge Welt, 4./5.9.2010.

Lager und die Sozialzentren[30] eliminieren«. Das blieben keine leeren Worte. Als er im Mai 2018 Innenmister wurde, wollte er eine »Volkszählung« unter den geschätzt 120.000 bis 180.000 Sinti und Roma durchsetzen, um sie für eine Vertreibung aus Italien zu erfassen. Nach einem im November im Parlament durchgepeitschten sogenannten Sicherheitsdekret sollten insgesamt 490.000 Migranten, die sich angeblich »illegal in Italien aufhalten«, abgeschoben werden. Italien drohe eine »Flüchtlingsinvasion« bisher nicht gekannten Ausmaßes, hetzte die Lega. Die »Volkszählung« war ein offener Verstoß gegen die Verfassung, die Erhebungen auf der Grundlage ethnischer Merkmale verbietet. Salvini knüpfe damit an den Antiziganismus der Nazis an, der »zu den widerwärtigsten und niederträchtigsten Formen des Rassismus« gehörte, schrieb *Il Manifesto*. Das linke Internetportal *Contropiano* erinnerte daran, dass die Nazis neben der »Endlösung der Judenfrage« die »Lösung« des »Zigeunerproblems« durch Vernichtung in den Konzentrationslagern Dachau, Flossenbürg und vor allem Auschwitz praktiziert hatten.[31] Nachdem Salvini mit seiner verfassungswidrigen »Volkszählung« am Einspruch von Staatspräsident Mattarella scheiterte, versuchte er, Sinti und Roma mit allen möglichen Schikanen aus Italien zu vertreiben. Im April/Mai 2019 marodierten in Rom Faschisten der »Forza Nuova« und »Casa Pound«, bekanntermaßen Sturmtrupps der Lega, wochenlang gegen eine Umsiedlung von Sinti aus Vorstadt-Camps in die Stadtteile Torre Maura und Casal Bruciato mit Drohungen wie »Hängt sie auf!« und »Verbrennt sie!« durch die Straßen. Die römische *La Repubblica* nannte das einen typisch faschistischen

---

30 Selbstverwaltete Sozialzentren gibt es in vielen Städten Italiens. Sie sind Ausdruck und Teil verschiedener linker politischer Netzwerke, darunter anarchistische, kommunistische, sozialistische und autonome. Die Zentren (ital.: centri sociali) sind in der Regel besetzt und bieten selbstorganisierte, selbstfinanzierte Räume für alternative und nichtkommerzielle Aktivitäten.

31 »Ein waschechter Faschist unserer Zeit. Dieser Mann kommt nach Brüssel«, in: Schattenblick, 23.5.2019.

Squadrismus,[32] einen Ausdruck des »bürgerlichen Faschismus Salvinis«.[33] Der Schriftsteller Andrea Camilleri, Autor der Krimi-Reihe »Commissario Montalbano«, sagte in *La Repubblica*, dass diese Entwicklung an Mussolini, an den »finstersten Abschnitt in der italienischen Geschichte« erinnere. Italien »verliere wichtige soziale Errungenschaften«, die das Land in der Vergangenheit erreicht hat. »Ich erkenne Italien nicht wieder«.[34] Einwände von Meloni gegen den offen zur Schau getragenen Rassismus sind nie bekannt geworfen.

Im Mai 2019 setzte Salvini die Änderung des Notwehrparagraphen 52 des Strafgesetzbuchs durch. Mit dieser wurde die »Vermutung der rechtmäßigen Verteidigung« eingeführt«. Darauf konnte sich von nun an jeder berufen, der jemanden erschießt, der in sein Haus oder seine Wohnung eindringt oder gegen seinen Besitz vorgeht – ohne dass die Verhältnismäßigkeit strafrechtlich untersucht werden muss. Mit dieser Neufassung des Notwehrparagraphen wurde das Recht zu töten legalisiert. 2014 hatte der Unternehmer Antonio Monella in Bergamo von seinem Balkon aus auf drei Albaner geschossen, die sich an seinem geparkten SUV zu schaffen gemacht hatten, und dabei einen 19-Jährigen getötet. Er wurde letztinstanzlich wegen Totschlags zu sechs Jahren Gefängnis verurteilt. Salvini führte eine Kampagne, in der er den Todesschützen zum Volkshelden stilisierte und dessen Freilassung forderte. Ende 2015 wurde der Todesschütze schließlich von Staatspräsident Sergio Mattarella vorzeitig begnadigt. Die von Salvini verfolgte »Liberalisierung« des Notwehrartikels diente der von der Lega ausgehenden tobenden Welle rassistischer Gewalt und befeuerte die Jagd auf Migranten, Afrikaner, Sinti und Roma. Obendrein sicherte Salvini sich die Unterstützung und das Wählerpotenzial der Lobbyorganisation der

32 Der von Mussolini betriebene Terror durch paramilitärische Gruppen zur Einschüchterung politischer Gegner.

33 La Repubblica, Rom, 17.5.2019.

34 »Italiens faschistische Regierung verschärft ihren Kurs«, in: junge Welt, 10.7.2018.

Waffenindustrie, der er zusagte, wenn er an die Regierung komme, den Erwerb von Schusswaffen für Sportschützen, Jäger und Waffensammler zu erleichtern.[35]

Zu einem rassistischen Skandal kam es am 9. Mai 2019 bei der Eröffnung der Turiner Buchmesse, auf der der für seine Holocaust-Leugnung bekannte, der faschistischen »Casa Pound« nahestehende Altaforte-Verlag einen Band mit Gesprächen Salvinis vorstellen wollte, in denen dieser seine rassistischen Angriffe auf Migranten und seinen an Mussolini orientierten Regierungskurs propagierte. Der von der staatlichen Nachrichtenagentur *ANSA* nach den Beweggründen für die Herausgabe befragte Verlagsleiter, Francesco Polacchi, bekannte: »Ich bin Faschist« und bezeichnete den Antifaschismus als »das wahre Übel dieses Landes«. Es gab landesweite Proteste. Der polnische Leiter des Museums Auschwitz-Birkenau, Mitglied des Internationalen Auschwitz-Rates, Andrzej Cywinski, erklärte, man könne von Holocaust-Überlebenden nicht verlangen, »den Raum mit jemandem zu teilen, der die historischen Fakten leugnet, die zum Holocaust geführt haben«. Mehrere italienische Autoren sagten ihre Teilnahme an der Buchmesse ab. Nachdem die Staatsanwaltschaft ein Verfahren wegen Rechtfertigung des Faschismus eingeleitet hatte, wurde der Verlag von der Buchmesse ausgeschlossen.[36]

Nach seinem Amtsantritt als Innenminister 2018 setzte Salvini durch, dass die libysche Küstenwache mit zwölf Schiffen aufgerüstet wurde und Italien die Ausbildung der fortan für ihre Brutalität bekannten Besatzungen übernahm. Sie sollten, so Salvini, »das Auslaufen der Boote verhindern«, in denen Flüchtlinge versuchen über das Mittelmeer nach Europa zu gelangen. Im November 2018 wurde auf Betreiben Salvinis das genannte »Sicherheitsgesetz« beschlossen, nach dem nur noch als »Flüchtling« anerkannte Migranten ein »Bleiberecht« beantragen konnten. Das betraf, enthüllte der Leiter

35 »Salvini dealt mit Waffenlobby«, in: junge Welt, 9.8.2018.

36 ANSA, 10./11.5.2019.

des italienischen Gemeindeverbands, Antonio Decaro, etwa 30.000 von insgesamt 130.000 registrierten Asylbewerbern. Diese mussten vielerorts aus kommunalen Zentren jetzt in große Abschiebezentren umziehen, von wo aus sie in ihre Herkunftsländer abgeschoben werden sollten.

Das Dekret wurde noch vor den Weihnachtsfeiertagen mit beispielloser Brutalität durchgesetzt. Etwa 39.000 Asylsuchende wurden aus den »Aufnahmezentren« vertrieben und auf die Straße gesetzt. Darunter befanden sich Familien mit Kleinkindern, kranke, z. B. traumatisierte, Menschen. Mehrere Präfekten, darunter in Kalabrien, Basilikata und Sizilien, wiesen die Gemeinden an, die Flüchtlinge unverzüglich aus den Unterkünften auszuweisen und für sie auch keinerlei Kosten mehr zu übernehmen. Das bisher aus humanitären Gründen gewährte Aufenthaltsrecht wurde ihnen damit entzogen.

Kritische Medien wie das linke Webportal *Dynamo Press* verurteilten diese Jagd auf Migranten. Die Internetseite *Cronache di ordinario razzismo* (Chronik des gewöhnlichen Rassismus) vermerkte, selbst in diesen Weihnachtstagen zeige sich der »permanente Rassismus der Lega Salvinis«. Die Zeitung *La Repubblica* sprach von einem »unglaublichen Zynismus«, mit dem »die Symbole des Festes« zerstört werden. Unter dieser Regierung sei »jegliche Toleranz beseitigt worden«. Der Chefredakteur der katholischen Zeitung *Avvenire*, Marco Tarquinio, berichtete, dass aus einem Aufnahmezentrum in der Nähe der Stadt Crotone in Kalabrien 20 Familien von Polizisten auf die Straße gesetzt worden waren. Darunter eine Familie mit einer schwangeren Frau und ihrem sechs Monate alten Mädchen. Bei anderen betroffenen Familien wurde auch auf Jugendliche mit psychischen Störungen oder auf zwei Mädchen, die Opfer von Menschenhandel geworden waren, keine Rücksicht genommen. So sehe die Realität im Gegensatz zu Salvinis »Sprüchen über die Weihnachtsbotschaft, die Krippe und Jesus« aus, kommentierte Tarquinio die Ereignisse und nannte das Ganze treffend »eine zynische und unerträgliche Heuchelei«.

Gegen dieses verfassungswidrige Vorgehen gab es landesweit Proteste, beteiligt waren auch Geistliche, Vertreter des Roten Kreuzes und zahlreiche Bürgermeister. Letztere halfen den Ausgesetzten mit provisorischen Unterkünften, warmen Decken und Getränken. Der Kardinal von Agrigent in Sizilien, Francesco Montenegro, rief dazu auf, »nicht gleichgültig zu bleiben, wenn Menschen, Migranten, leiden und zu Tausenden sterben«. Der Präsident der Toskana, der linke Politiker Enrico Rossi, sagte, er werde sich nicht »an Menschenrechtsverletzungen mitschuldig machen, die zur italienischen Verfassung im eklatanten Widerspruch stehen«. Er werde denjenigen helfen, denen der humanitäre Schutzstatus aberkannt wurde. »Wir werden niemanden auf die Straße setzen. Wer in der Toskana lebt, hat unabhängig vom Aufenthaltsstatus ein Recht auf Gesundheit, sozialen Schutz und Bildung – ganz egal, um wen es sich handelt«, so Rossi.[37]

Giorgia Meloni, die sich – auch in der Wahlkampagne – gern als Christin, als Frau und Mutter und als hilfsbereite Vertreterin aller Italiener vorstellte, befand sich zu dieser Zeit mit ihrer FdI nicht in der Regierung. Ein Zeichen des Widerspruchs war von ihr auch diesmal nicht zu vernehmen.

4. Zur »chilenischen Nacht«

Als »chilenische Nacht« bezeichneten die Medien die von erheblichen Teilen des Staatsapparates ausgeübte rohe Gewalt gegen die Demonstranten während des G8-Gipfels im Juli 2001 in Genua. Der Begriff geht auf den faschistischen Putsch General Pinochets im September 1973 in Chile zurück, den das MSI als Vorbild für Italien feierte und danach bereits Ende 1973 und nochmals 1974 mit italienischen Armee- und Geheimdienstkreisen im Komplott mit der CIA und der NATO versucht hatte, ein Regime nach »chilenischem

37 »Rassistischer Innenminister Salvini lässt Zehntausende Flüchtlinge aus Unterkünften vertreiben«, in: junge Welt, 27.12.2018.

Vorbild« zu errichten. Dass die Versuche scheiterten, hielt die MSI-Führung nicht davon ab, sie weiter zu verfolgen. Damit befasste sich im Januar 1977 im luxuriösen Midas-Hotel in Rom der 11. Parteitag des MSI mit Nationalsekretär Giorgio Almirante und der Nummer Zwei der Bewegung, Pino Rauti, an der Spitze. Als Almirante Pinochet feierte, brachen die 1.200 Teilnehmer in frenetischen Beifall aus, sprangen von den Plätzen, rissen den rechten Arm zum Führergruß empor, schrien Eja, eja, alala, den dem deutschen Hipp Hipp Hurra vergleichbaren Schlachtruf, mit dem sich Mussolini einst begrüßen ließ. Als Almirante als Ziel eine »chilenische Lösung« für Italien verkündete und zum Studium der Erfahrungen Pinochets aufrief, skandierten die Teilnehmer minutenlang »Pinochet, Pinochet«. Pino Rauti verlangte, die politische und wirtschaftliche Krise »zum Sturz der Regierung« und »zur Erhebung gegen das Regime« zu nutzen. Das Massenelend in Süditalien, die Ausweglosigkeit der Arbeitslosen und das Schicksal der perspektivlosen Jugendlichen sollten als »Pulverfass« dienen, »in das man ein Streichholz werfen« müsse. Er erinnerte an die Bürgerkriegs-Auseinandersetzungen in Reggio di Calabria 1969, mit denen einem faschistischen Putsch des Kriegsverbrechers Valerio Borghese der Weg bereitet werden sollte. Damals »konnten wir früh, mittags und abends in aller Ruhe jeden umbringen«, führte er unter erneuten Beifallsstürmen aus und fügte hinzu, »solche Beispiele müssen wiederholt werden«. In seinem Schlusswort erteilte Almirante Pressestimmen, die solche Ausführungen als »Übertreibungen« verharmlosen wollten, eine klare Absage. »Wir haben nicht gescherzt, und wir werden auch in Zukunft nicht scherzen«.[38] Seitens der DC-geführten Regierung wurde – wie schon in der Vergangenheit – nichts unternommen, um gegen diese offen gegen die Verfassung verstoßenden Ankündigungen eines Umsturzes vorzugehen. Das verdeutlichte ein weiteres Mal, dass auch die Rechten in der Christdemokratischen Partei den Faschismus gegen

38 MSI-Treffen entwarf eine faschistische Strategie. Ehemaliger Staatssekretär des »Duce« forderte »chilenische Lösung«. Beitrag des Autors, der auf dem Treffen anwesend war, in: Neues Deutschland, 25.1.1977.

eine Linke mit den Kommunisten an der Spitze, die ein Jahr vorher mit 34 % Wählerstimmen, das waren 12 Millionen Italiener, mit einem Rückstand von nur noch 4 % zur DC zur zweitstärksten Partei aufgestiegen waren, in Reserve halten wollten. Zumal Kommunisten mit den Sozialisten, Sozialdemokraten und weiteren Linken zusammen die 50 %-Grenze überschritten.

Nun könnte man einwenden, 1977 wurde Meloni gerade geboren und habe nichts mit dem MSI-Kongress dieses Jahres zu tun. Aber die Kenntnis und Pflege dieser Traditionen gehörte zum Grundwissen, das in der Jugendfront der Partei, in die sie 1992 eintrat und später selbst deren Leitung übernahm, vermittelt und 2001 in Genua in jener »chilenischen Nacht« praktiziert wurde. Und seit 2008 vertrat sie als Ministerin in Berlusconis Regierung diese Politik der Niederhaltung der Linken, die Dario Fo und Umberto Eco als übelstes Erbe des Faschismus Mussolinis enthüllten. Nicht nur das. Bei ihrer Ankündigung, für das Amt der Ministerpräsidentin zu kandidieren, erklärte sie, wie bereits angeführt, dass »die Identität, die Ziele von Mitte-rechts bekannt sind, und es darum geht, sie zu wiederholen«. Damit geht es im Grunde um jene zwölf Jahre der Herrschaft Berlusconis, wobei heute keine »chilenischen Nächte« mehr erforderlich sein mögen, und ihr vorerst, wie sie ankündigte, das von Berlusconi verfolgte Präsidialregime genügen könnte.

II.
Der Faschismus wurde gebraucht

1.
Zum »Marsch auf Rom« (1922)

Geschichte wiederholt sich »nicht haargenau«, meinte Sebastian Haffner, der Vergleiche anstellte und schlussfolgerte, doch wenn sie »hinken« seien »gewisse Parallelen« nicht zu übersehen.[39] Wie sehen die Vergleiche der Situation in Italien von vor rund hundert Jahren mit der heutigen aus?

Mit dem »Marsch auf Rom« ergriff Benito Mussolini, der »Duce« (Führer) des Partito Nazionale Fascista (PNF) in einem Militärputsch am 28. Oktober 1922 die Macht und errichtete eine bis 1945 andauernde Diktatur, an der sich, bis 1926, noch bürgerliche Parteien beteiligten. 100 Jahre später wurde Giorgia Meloni, die Führerin der Fratelli d'Italia (FdI), die aus dem 1946 als Nachfolger der Partei Mussolinis wieder gegründeten Movimento Sociale Italiano (MSI) hervorgingen, Ministerpräsidentin.

Vor gut hundert Jahren stellte sich die Situation wie folgt dar: Die Sozialistische Partei (ISP) erreichte bei den Wahlen im November 1919 32,4 % und zog mit 156 Sitzen ins Parlament ein. Die führende großbürgerliche Liberale Partei kam zwar noch auf 179 Mandate, verlor aber ihre absolute Mehrheit. Mit ihrer Niederlage begann die Krise des bürgerlichen Staates. Es zeichnete sich die Machtgewinnung durch die revolutionäre Linke ab. Diese befand

39 Sebastian Haffner: Im Schatten der Geschichte. Historisch-politische Variationen aus 20 Jahren, Stuttgart 1985, S. 25 f.

sich in einer starken Position.[40] Beim Eintritt Italiens an der Seite der Entente in den Ersten Weltkrieg im Mai 1915 hatte sie als einzige westeuropäische Sektion der Zweiten Internationale nicht den Kriegskrediten zugestimmt. Ihre Vertreter gehörten zu der von Lenin auf den Konferenzen 1915 und 1916 in Zimmerwald und Kiental formierten revolutionären Linken, die Stellung gegen den imperialistischen Krieg bezog. Nach der Februarevolution in Russland kam es im August 1917 in Turin zum bewaffneten Aufstand gegen Hunger und Krieg.

Die ISP-Führung begrüßte die Russische Oktoberrevolution. Mit der Bildung der Gruppe Ordine Nuovo am 1. Mai 1919 und ihrer gleichnamigen Zeitschrift, trat Antonio Gramsci den von der Zweiten Internationale ausgehenden opportunistischen, also sich mit der Macht arrangierenden, Tendenzen entgegen. Er wollte die ISP in eine »Revolutionäre Partei des Proletariats«, die sich zu einer kommunistischen Gesellschaft bekennt und der Kommunistischen Internationale beitritt, formen. Gegen die Kriegsfolgen und die Wirtschaftskrise mit maßlosen Teuerungen und einer halben Million Arbeitslosen begannen machtvolle Arbeiterkämpfe. Millionen streikten nicht mehr nur, um ihre soziale Lage zu verbessern, sondern gleich für den Sturz der kapitalistischen Ordnung. Im Herbst 1919 besetzten Arbeiter alle großen Unternehmen in Norditalien, wählten Fabrikräte, übernahmen die Produktion und bildeten bewaffnete Rote Garden zur Verteidigung der Betriebe. Im Süden kam es zu massenhaften Inbesitznahmen von Ländereien der Latifundistas.

Die revolutionären Linken erhielten zusätzlichen Auftrieb durch die Gründung der Kommunistischen Partei (Partito Comunista d'Italia) am 21. Januar 1921 in Livorno. Obwohl die Kampfbünde Mussolinis mit barbarischem Terror gegen die revolutionären Massenkämpfe vorgingen, befürchteten führende Kapitalkreise, die Liberalen wür-

40 Lenin: Über den Kampf innerhalb der Italienischen Sozialistischen Partei, in: Werke, Bd. 31, Berlin/DDR, 1959, S. 373-385.

den den Linken nicht standhalten.[41] Während in Deutschland die Führung der SPD mit einem Noske an der Spitze die revolutionäre Arbeiterbewegung niederschlug, fehlte dem italienischen Imperialismus ein solcher Retter. Deshalb setzten breite Kreise des Kapitals bereits seit 1919 auf Mussolini. Zur Gründung seiner faschistischen Kampfbünde (Fasci di Combattimento) stellten sie ihm im März 1919 das Gebäude ihrer Industrie- und Handelskammer an der Piazza San Sepolcro in Mailand zur Verfügung.[42] Im November 1921 formierte Mussolini aus ihnen den PNF. Aus den Tresoren des im April 1920 gegründeten Industriellenverbands Confederazione dell'Industria, einer »Art Generalstab der Konterevolution«,[43] und der im August gebildeten Confederazione dell'Agricoltura flossen den Faschisten reichlich Gelder zu. König Vittorio Emanuele signalisierte Zustimmung, sofern die Monarchie nicht angetastet werde. Der Vatikan ergriff mit Pius XI. offen Partei für Mussolini und die Seinen.

So abgesichert beschloss der PNF-Kongress in Neapel am 24. Oktober 1922 den »Marsch auf Rom«. Am 26. brachen die ersten 40.000 Mann zu Fuß auf. Der Rest folgte in LKWs. Mussolini selbst traf sich am 28. in Mailand mit Vertretern des Industriellenverbands mit dem Gummikönig Pirelli an der Spitze, der ihm mitteilte, der König werde ihn zum Ministerpräsidenten berufen. Vittorio Emanuele lehnte dann auch eine von Premier Facta vorgeschlagene Verteidigung der Hauptstadt ab, Facta trat zurück. Während die Faschisten in Rom grölend durch die Straßen zogen, plündernd und mordend das Arbeiterviertel San Lorenzo heimsuchten, beauftragte der König am 30. Oktober den »Duce« del Fascismo mit der Regierungsbildung. Er übergab die Exekutive einer Partei, die im Parlament von 508 Sitzen nur 36 belegte. Am nächsten Tag traten Liberale,

41 Alan Friedmann: Das Gesicht der Macht, München 1989, S. 47 ff.

42 I Giorni della Storia d'Italia. Cronaca quotidiana dal 1815 a Oggi. Novara 1997, S. 359.

43 Giuliano Procacci: Geschichte Italiens und der Italiener, München 1983, S. 351.

Nationalisten und die Katholische Volkspartei in die Regierung ein und »legitimierten« somit den Putsch. 306 Vertreter der bürgerlichen Parlamentsmehrheit stimmten für Mussolini. Es gab nur 106 Gegenstimmen, vor allem aus den Arbeiterparteien.[44]

Sicher, die Vergleiche zu heute hinken, denn Meloni siegte in Parlamentswahlen. Auch dass sie die Parteien verbietet, ist nicht zu erwarten. Das hat sie auch gar nicht nötig. Denn, wie die bereits zitierte preisgekrönte sardische Schriftstellerin Michela Murgia, Mitbegründerin der »Initiative zur Rettung von Flüchtlingen in Seenot«, dazu festhielt, erfolgt der »Übergang« zum Faschismus heute nicht mehr mit »klassischer Waffengewalt«, sondern »durch Manipulation der demokratischen Instrumente«, mit der man »ein ganzes Land faschistisch machen kann, ohne auch nur einmal das Wort ›Faschismus‹ auszusprechen«.

2.
Zur Sicherung der US-Vorherrschaft (1945)

Nach Kriegsende 1945 gelang es dem italienischen Faschismus, sich als Bewegung weitgehend intakt über seinen politischen und militärischen Zusammenbruch hinwegzuretten und sich den neuen Bedingungen anzupassen. Das war nur mit Hilfe der USA möglich, die ihn brauchten, um die Südflanke der künftigen NATO zu sichern. Dies setzte voraus, eine von Kommunisten und Sozialisten dominierte antifaschistische Umgestaltung und eine entsprechende Regierung zu verhindern. Die Weichen dazu waren bereits während des Krieges gegen Hitlerdeutschland gestellt worden. Harry Truman, der 1947 die nach ihm benannte Doktrin der »Eindämmung des Kommunismus« (Containment) verkündete, hatte schon nach dem Überfall Hitlerdeutschlands auf die UdSSR die Idee geäußert, Deutsche und Russen im Wechsel zu unterstützen, damit sich »möglichst viele gegenseitig umbringen«. Reaktionäre wie Ex-

44 Giorni, S. 382-384.

Präsident Herbert Hoover oder die Senatoren Robert Taft und Arthur Vandenberg sowie offene Anhänger des Nazismus versuchten, ihrem Land »eine Sicht aufzudrängen, wonach der Sieg des Nazismus einem Triumph des Kommunismus in jedem Fall vorzuziehen war«.[45] Nach dem Sturz Mussolinis im Juli 1943 ging es dann, wie die Zeitschrift *Life* am 14. Dezember 1943 schrieb, darum, »sich von Mussolini und den Deutschfreundlichen zu befreien, dass System aber zu erhalten« und »einen Wandel vom prodeutschen zum proalliierten Faschismus« vorzunehmen.

Dementsprechend wurde von der US-amerikanischen Besatzungsmacht bereits im August 1945 zugelassen, dass sich die Mussolini-Anhänger in der Bewegung Uòmo Qualunque (Jedermann) organisieren konnten. Sie wurde zur Wahl der Verfassunggebenden Versammlung am 2. Juni 1946 zugelassen, erreichte 5,3 % der Stimmen und zog mit 30 Mitgliedern in die Costituente ein. Damit wurde der Grundstein für die Legitimation der faschistischen Partei im Rahmen des Parlaments gelegt, was bis heute im Widerspruch zu den antifaschistischen Grundsätzen der Verfassung steht – und sie von Anfang an aushebelte.

Nachdem der Präsident der Bank of America, Amadeo Giannini, im November 1945 in Rom gefordert hatte, die Regierung unter dem linken Premier Ferrucio Parri von der Aktionspartei[46] zu beenden, andernfalls Italien zugesagte Finanzhilfen gestrichen würden, stürzten die Democrazia Cristiana (DC) und die Liberalen mit ihrem Rücktritt die 1944 gemeinsam mit Kommunisten und Sozialisten gebildete antifaschistische Einheitsregierung. Alcide De Gasperi von der DC bildete eine neue Regierung. Aus

45 Valentin Falin: Zweite Front. Die Interessenkonflikte in der Antihitlerkoalition, München 1997, S, 208 f.

46 Ferrucio Parri, 1943 Mitbegründer und Führer der Aktionspatei (Partito d'Azione), Vorsitzender des Nationalen Befreiungskomitees Oberitaliens (CLNAI) und zusammen mit Luigi Longo (PCI) und Sandro Pertini (PSI) Organisator der Partisanenarmee. Ministerpräsident von Juni bis Dezember 1945. Er war ein mit Kommunisten und Sozialisten eng verbundener radikaler Demokrat.

dieser wurden, wie von Washington verlangt, im Mai 1947 mit Hilfe der inzwischen von den Sozialisten abgespaltenen Sozialdemokratischen Partei die Kommunisten und Sozialisten ausgeschlossen.

In diesem Klima konnte aus Uòmo Qualunque am 26. Dezember 1946 die verbotene Partei Mussolinis als Movimento Sociale Italiano (MSI) wieder gegründet werden. Es störte in Washington offenbar niemanden, dass MSI-Gründer Almirante Staatssekretär des »Duce« und dessen führender Rassenideologe gewesen war und gegen ihre Verbündeten, die italienischen Partisanen, den »Genickschusserlass« unterzeichnet hatte – oder dass der Kriegsverbrecher Junio Valerio Borghese Ehrenvorsitzender wurde. Auch nicht, dass das MSI als Parteisymbol einen schwarzen Sarg, über dem eine Flamme in den Farben der italienischen Trikolore lodert, wählte – und die Partei offen propagierte, das verkörpere, dass »Mussolinis Seele aus dem Sarg emporsteigt, um seine Nachfolger zu ermutigen«. Diese Flamme führt Giorgia Meloni bekanntlich im Parteilogo »ihrer« Brüder Italiens. Das MSI wurde so, wie die Nummer zwei der Bewegung, der Veteran der Miliz in der RSI, der italienischen SS, Pino Rauti, einschätzte, dank derer gegründet, »die weiter glaubten« und »unbeugsam Rache« forderten.

Mit der »Sozialbewegung« entstand eindeutig die verbotene faschistische Mussolini-Partei wieder, was gegen eine Übergangsbestimmung der Verfassunggebenden Versammlung verstieß, die lautete: »Wer die aufgelöste faschistische Partei in irgendeiner Form, sei es als Partei, Bewegung oder paramilitärische Organisation, wiedergründet und militärische oder paramilitärische Gewalt als Mittel für den politischen Kampf anwendet sowie die Ziele der aufgelösten faschistischen Partei verfolgt, wird mit zwei bis 20 Jahren Haft bestraft.«

Im Gegensatz dazu sicherten die USA im Friedensvertrag von Paris mit Italien vom 10. Februar 1947 die Existenz der wiedergegründeten Mussolini-Partei in Gestalt des MSI ab, indem sie die von der UdSSR für Italien geforderte Klausel ablehnten, niemals wieder faschistische Organisationen zu erlauben und Kriegsverbrechen nicht ungesühnt zu lassen.

In den 1960er Jahren zählte das MSI rund 300.000 Mitglieder und verfügte landesweit über 4.335 Sektionen (Basisorganisationen). Nach der Vereinigung mit der Monarchistischen Partei 1972 stieg ihre Mitgliederzahl auf 400.000. Bei den Parlamentswahlen dieses Jahres erreichte die Partei in der Abgeordnetenkammer 8,7 % und im Senat 9,1 % der Stimmen und stellte 56 Abgeordnete bzw. 26 Senatoren.[47]

Die im parlamentarischen Rahmen auftretende Kontinuität des Faschismus wurde von den rechten Kräften in bürgerlichen Parteien, vor allem der DC, mitgetragen, was ihm ein demokratisches Aushängeschild verschaffte und zu der These seiner »demokratischen Legitimität« führte. 1950 empfingen Staatspräsident Einaudi und Ministerpräsident De Gasperi eine MSI-Delegation. 1953 stützte sich die Regierung Giuseppe Pella, ein zur DC gewechselter ehemaliger Mussolini-Faschist, auf die Stimmen des MSI, um die erforderliche Mehrheit bei der Vertrauensabstimmung zu erhalten. Auch die Regierung Adone Zoli kam 1957 und danach die von Antonio Segni mit den Stimmen der Faschisten ins Amt. Ebenso erhielt 1960 die von Fernando Tambroni, einem früheren Hauptmann der Miliz der RSI, seit 1926 Mitglied der faschistischen Partei und nunmehriger Ministerpräsident der DC, die erforderliche Mehrheit nur mit den Stimmen seiner faschistischen Kumpane. 1962 der DC-Bewerber Segni und 1972 Leone: Beide wurden mit den MSI-Stimmen zum Staatspräsidenten gewählt. Ministerpräsident Zoli zeigte sich erkenntlich und ließ den Leichnam Mussolinis in den Heimatort des »Duce« nach Predapio überführen und dort in einem Ehrenhain beisetzen. Die Feierlichkeiten des MSI gestalteten sich zu einer Verherrlichung Mussolinis und der unter seinem Regime begangenen Verbrechen. Noch heute ist Predapio ein regelrechter Wallfahrtsort. Die Witwe des Diktators erhielt eine Rente bewilligt,

47 Giorni, S. 678.

während sie Antifaschisten und Verfolgten des Mussolini-Regimes in unzähligen Fällen verweigert wurde. Das MSI-Blatt *Secolo d'Italia* bekam offizielle Staatszuschüsse. Die rechten bourgeoisen Kreise bis hinein in die regierende Democrazia Cristiana (DC) hielten den Faschismus so als Reserve am Leben, um ihn in Krisenzeiten auch an der Macht zu beteiligen. Zur alleinigen Regierungsbildung der Rechten kam es 1994 unter Berlusconi, erstmals auch mit offizieller Beteiligung des MSI. Später nannte sich die Partei Alleanza Nazionale, an ihrer Funktion änderte dies freilich nichts.

Soweit zu den historischen Vorläufern der Brüder Italiens Melonis. Das Klima, in dem Melonis Beitritt stattfand, wurde bereits geschildert. Nun könnte man einwenden, das waren Jugendsünden, die man ihr heute nicht vorwerfen sollte. Aber als sie 30 Jahre später, im April 2022, zum Tod der Witwe des MSI-Gründers ihr Festhalten am unverfälschten Erbe des Mussolini-Faschismus demonstrierte, tat sie das als erfahrene Parteiführerin, die sich anschickte, dieses Erbe nach einem Wahlsieg als Ministerpräsidentin in ihre Regierungspolitik einzubeziehen.

3.
Gegen die Linke

Um den Vormarsch der Linken zu stoppen, löste die US-Besatzungsmacht im Juni 1945 das »Hohe Kommissariat zur Verfolgung der Regimeverbrecher« auf und setzte eine sogenannte Amnestie der »nationalen Versöhnung« durch. Das führte zu einer Revision von mehr als 11.000 bereits gegen Faschisten ergangenen Urteilen. Obwohl der Erlass vorsah, Faschisten, die »wichtige öffentliche, politische oder militärische Führungsfunktionen« innegehabt hatten, von der Amnestie auszuschließen, wurden selbst Kriegsverbrecher wie Valerio Borghese freigelassen. Damit schuf die US-Besatzungsmacht die entscheidende personelle Grundlage, damit sich ab August 1945 die faschistische Sammlungsbewegung Uòmo Qualunque bilden konnte, aus der im Dezember 1946 der MSI hervorging.

Der linke Vormarsch ging jedoch weiter. Bei den Wahlen zur Verfassunggebenden Versammlung am 2. Juni 1946 erreichte die ISP 20,7 und die IKP 18,9 % Stimmen, zusammen als fast 40 %, während die Democrazia Cristiana (DC) nur auf 35,2 % kam.

Beim gleichzeitig stattfindenden Referendum wurde die Monarchie abgeschafft. Die USA forderten daraufhin von Ministerpräsident Alcide De Gaspari, Kommunisten und Sozialisten aus der Regierung zu vertreiben. Andernfalls würde Italien ein zugesagter erster Kredit über 150 Millionen Dollar sowie 50 Schiffslandungen Getreide und Kohle gestrichen. De Gasperi folgte der Order und schloss Kommunisten und Sozialisten aus seiner neuen Regierung aus. Die erforderliche Mehrheit verschaffte ihm die von Giuseppe Saragat nach Abspaltung von der ISP gebildete Sozialdemokratische Partei.[48] Auf die Abspaltung der Saragat-Fraktion von der ISP hatte die CIA über ihre Agenten in der AFL-CIO maßgeblichen Einfluss genommen, wie der Mailänder *Corriere della Sera* am 8. März 1975 enthüllte.

Im April 1948 fanden die ersten Parlamentswahlen nach Kriegsende statt. Um einen Wahlsieg der Kommunisten und Sozialisten, die auf einer Einheitsliste Fronte Democratico Popolare antraten, zu verhindern, schuf die von den USA finanzierte klerikale Azione Cattolica 18.000 Bürgerkomitees, die in hasserfüllten Losungen verkündeten, bei der Wahl gehe es um Christ oder Antichrist, Gläubige oder Gottlose, Rom oder Moskau. Präsident Truman drohte offen mit einer militärischen Intervention, für den Fall eines linken Wahlsieges kündigte Außenminister Marshall den Entzug der »Wiederaufbauhilfe« an. Zahlreiche US-Kriegsschiffe in italienischen Häfen untermauerten die Drohgebärden. Nach der Freigabe von Geheimdokumenten durch die Clinton-Administration wurde 1994 bekannt, dass das Pentagon »für den Fall, dass die Kommunisten in Italien mit legalen Mitteln an die Macht kommen« sollten, eine

48 Giorni, S. 526-529; Sophie G. Alf: Vom antifaschistischen Kampf zum Historischen Kompromiss, Berlin 1977, S. 84.

sofortige Intervention geplant hatte, welche die Abtrennung Sardiniens und Siziliens und die Organisation eines Guerillakrieges einschloss. Die USA könnten »es den Kommunisten nicht gestatten, mit legalen Mitteln an die Macht zu kommen«, weil die »psychologischen Erschütterungen gewaltig wären«, hieß es. Als Alternative erwog man in Washington, »das Wahlergebnis zu fälschen«.[49]

Die DC erzielte zwar am 18. April mit 48,5 % einen triumphalen Wahlsieg, aber Kommunisten und Sozialisten erreichten auf der verketzerten Volksfrontliste 31 % und blieben eine einflussreiche Kraft des Widerstandes gegen die Restauration der Herrschaft des Kapitals und die sich abzeichnende Bildung der NATO und des Beitritts Italiens zu diesem Militärbündnis.

Da es bei den Parlamentswahlen nicht gelungen war, die IKP auszuschalten, wollte man in Washington die Millionenpartei am 14. Juli 1948 durch ein Attentat auf ihren Generalsekretär Palmiro Togliatti zum bewaffneten Aufstand provozieren, um sie per Blutbad ausschalten zu können.[50]

Es gelang der Parteiführung den Übergang zur bewaffneten Erhebung, vor der der schwerverletzte Togliatti gewarnt hatte, zu verhindern.[51] Bei den blutigen Zusammenstößen gab es auch so 20 Tote und über 600 Verletzte. Nach dem Attentat setzte eine starke Verfolgung vor allem der IKP und ihrer Anhänger ein. Von 92.169 Verhafteten waren 73.780 Kommunisten. 19.306 Menschen wurden unter meist fadenscheinigen politischen Vorwänden verurteilt, unter ihnen 15.429 Kommunisten. Bis Mitte des Jahres 1950 gab es bei Auseinandersetzungen mit Großagrariern sowie Faschisten und Zusammenstößen mit der Polizei 62 Tote, darunter 48 Kommunisten. 3.126 Personen wurden verletzt, davon 2.367 Kommunisten.[52]

---

49 Der »Corriere della Sera« veröffentlichte das auf den 5.3.1948 datierte Dokument am 17.9.1994.

50 Massimo Caprara: L'Attentato a Togliatti, Padova 1978.

51 L'Unità, 28.9.1948.

52 Die Kommunistische Partei Italiens, Berlin/DDR 1950, S. 148.

Die Verfolgung der Linken schloss selbst bürgerliche Vertreter, die mit ihnen sympathisierten, ein. Dazu gehörte der Präsident des staatlichen Energiekonzerns ENI, Enrico Mattei, Kommandeur einer katholischen Partisanenbrigade, der es ablehnte, das Unternehmen der Herrschaft der in der Standard Oil zusammengeschlossenen US-amerikanischen Erdölgesellschaften, den sogenannten sieben Schwestern, unterzuordnen. Mattei war alles andere als ein verkappter Kommunist, wie man in Washington behauptete, sondern ein kapitalistischer Reformer, der nach der Wahlniederlage der Democrazia Cristiana (DC) 1953, die von ihren über 48 % auf 40,1 % absackte, forderte, die Kommunisten (22,6 %) über soziale und ökonomische Reformen in die Lösung der politischen Krise einzubeziehen. Am 27. Oktober 1962 stürzte er mit seinem Privatflugzeug bei Pavia ab. Als 1990 die Stay-Behind-Gruppe Gladio aufgedeckt wurde, kam ans Licht, dass es ein Anschlag eben dieser geheimen NATO-Truppe war. Ein Offizier der Leibwache, der den Motor des Flugzeuges vor dem Start manipulierte, gehörte zu ihren Mitgliedern.[53]

Einem Anschlag der CIA fiel auch der Verleger Giangiacomo Feltrinelli zum Opfer, der aus einer reichen Unternehmerfamilie stammend, sich auf die Seite der Unterdrückten und Ausgebeuteten schlug. Der 1926 geborene Feltrinelli hatte in der Resistenza bereits als junger Kämpfer eine Partisaneneinheit kommandiert. In seinem Verlag erschienen Boris Pasternaks »Dr. Schiwago«, ein Jahr nach dem Tod des Autors 1958 die Erstauflage von Giuseppe Tomasi di Lampedusas »Leopard«, später Che Guevaras »Bolivianisches Tagebuch«. Er erlangte als Verleger Weltruf. Er gab auch Lord Russells Geschichte der Nazikriegsverbrechen und Protokolle der Weltkongresse der Komintern und ihrer Zeitschrift *Internationale Pressekorrespondenz* (Inprekorr) heraus. In Italien nahm er aktiv am antifaschistischen Kampf teil, bezog Position gegen die Mussolini-

53 Roberto Faenza: Il Malaffare. Dall'America di Kennedy all' Italia, a Cuba, al Vietnam, Mailand 1978, S. 295, 321.

Nachfolger, die zum Sturz der verfassungsmäßigen Ordnung aufriefen und von gleichgesinnten Militärs Italiens und der NATO unterstützt wurden. Er gehörte den von radikalen Linken wie der Potere operaio (Arbeitermacht) gebildeten Gruppi d'Azione Partigiani (GAP)[54] an und trug den Nom de Guerre (Kampfnamen) Osvaldo. Am 15. März 1972 wurde Feltrinellis verstümmelte Leiche in Segrate bei Mailand unter einem Hochspannungsmast gefunden. Zu seinem 40. Todestag ging aus einem Bericht des Mailänder *Corriere della Sera* hervor, dass der Carabinieri-General Giovanbattista Palumpo, der der faschistischen Putschloge P2 angehörte, zu den Drahtziehern des Mordanschlags gehörte.[55]

1963 führte der linksliberale DC-Führer Aldo Moro seine sogenannte Apertura a Sinistra (Öffnung nach Links) durch und bildete mit den Sozialisten Pietro Nennis eine Regierung. In den USA plante man bereits aufgrund der Ankündigung, dieser Regierung mit einem faschistischen Staatsstreich zu begegnen. US-Botschafter Frederick Reinhardt bildete einen Krisenstab, um »die Linie des Eingreifens im Falle einer Öffnung nach links zu erörtern«. Die militärische Leitung vor Ort übernahm der Militärattaché Oberst Vernon Walter,[56] der forderte, dass »die Vereinigten Staaten ohne zu zögern das Land militärisch besetzen müssten«.[57] Mit der Vor-

---

54 Abgeleitet von den während der Resistenza überwiegend aus Mitgliedern der IKP bestehende Partisanengruppen. Richtiger Name: »Gruppi di Azione Patriotica«.

55 Carlo Feltrinelli: Das Leben meines Vaters, München/Wien 2001.

56 Nach seinem Italieneinsatz wurde er eine Schlüsselfigur der Defense Intelligence Agency (Militärische Aufklärung), avancierte unter Präsident Nixon im Generalsrang zum stellvertretenden CIA-Direktor und war an der Ausarbeitung des Szenariums für den Putsch gegen Allende (Centauroplan) beteiligt. 1990 übernahm er in Bonn als Botschafter das Kommando, um, wie er formulierte, »die letzte Ölung zu geben, bevor der Patient (die DDR) stirbt«, oder anderes ausgedrückt, »dem sowjetischen Sicherheitssystem das Herz herauszureißen« (Klaus Eichner / Ernst Langrock: Der Drahtzieher. Vernon Walters – Ein Geheimdienstgeneral des Kalten Krieges, Berlin 2005).

57 Faenza, a. a. O., S. 310.

bereitung der Operation wurde der Chef des militärischen Geheimdienstes SIAFAR, General Giovanni De Lorenzo, beauftragt, der dazu das Kommando über das Carabinieri-Korps übernahm, das mit Faschisten und Gladio-Einheiten den Putsch durchführen sollte. De Lorenzo ließ »schwarze Listen« von »verdächtigen« Funktionären der linken Parteien, Gewerkschaftsführern, Antifaschisten, aber auch Politikern bürgerlicher Parteien anlegen. Unter der unglaublichen Zahl von 157.000 Genannten befanden sich selbst der Vorsitzende der Sozialdemokratie, Saragat, Minister und hohe Regierungsbeamte, als »unzuverlässig« eingestufte Offiziere und sogar Bischöfe. Diese Personen sollten im Falles des Staatsstreiches verhaftet und auf zwei Sardinien vorgelagerten Inseln in Gefangenenlager gesperrt, manche nach dem in den Gladio-Einheiten herrschenden faschistischen Geist auch gleich umgebracht werden.[58]

Moro gelang es noch zu Lebzeiten Kennedys, diesem zu verdeutlichen, dass sich die ISP von der IKP getrennt hatte und von einem bevorstehenden Machtantritt der Kommunisten keine Rede sein konnte. Man blies den Plan De Lorenzos zunächst ab. Anlass dazu war nicht zuletzt, dass im Juni 1964 durch Indiskretionen Teile des Plans an die Öffentlichkeit gelangten.[59]

Seit Enrico Berlinguer 1972 zum Generalsekretär der IKP gewählt wurde, suchte er zur Verhinderung eines Putsches wie ihn das MSI unter der Losung einer »chilenischen Lösung« für Italien entfesseln wollte,[60] eine »Historischer Kompromiss«[61] genannte Zusammenarbeit mit der Democrazia Cristiana auf Regierungsebene.[62]

58 Antonio und Gianni Cipriano: Sovranità limitata, Storia dell Eversione atlantica in Italia, Rom 1991, S. 31 ff.

59 Die Welt, 25.6.1964.

60 Nach dem Vorbild des faschistischen Putsches General Pinochets im September 1973 in Chile, den das MSI begrüßte und nachmachen wollte.

61 Anknüpfend an den von Antonio Gramsci im Kampf gegen den Mussolini-Faschismus vorgeschlagenen Bloco storico (Historischer Block).

62 Rinascita, 28.9., 5.10. u. 12.10.1973.

Aldo Moro nahm den Vorschlag auf und bildete im März 1978 eine Regierung, die von der IKP zunächst unterstützt wurde. Für einen späteren Zeitpunkt war ihr direkter Eintritt in die Regierung vereinbart. Die CIA inszenierte mit der von ihr geschaffenen faschistischen Putschloge Propaganda due (P2) und ihren Komplizen in den italienischen Geheimdiensten und in der Regierung dazu zunächst die Entführung und am 9. Mai die Ermordung Moros, was im Januar 1979 die Regierung schlussendlich zum Scheitern brachte. Auch wenn im Einzelnen immer wieder bestritten, belegen handfeste Beweise, dass die Roten Brigaden als Werkzeuge des Mordkomplotts von Geheimdiensten unterwandert und manipuliert wurden.[63] Dies diente u. a. dazu, sie als von der IKP und weiteren Linken gelenkte Terroristen hinzustellen.[64]

Der Historische Kompromiss war, wie Berlinguer auf dem Parteitag im März 1979 eingestand, gescheitert.[65] Nach der Aufdeckung der geheimen NATO-Truppe Gladio 1990 gab der General Gerhardo Seravalle, der mehrere Jahre ihr Kommandeur war, zu, dass Gladio in der Operation gegen Moro eingesetzt war, »um die italienischen Kommunisten um jeden Preis von der Regierung fernzuhalten«.[66]

Nach dem Ende der Regierungszusammenarbeit folgte eine Welle der Repression. Sie richtete sich mit aller Wucht vor allem gegen linke und als linksradikal apostrophierte Intellektuelle. Der Jagd auf sie fielen ganze Universitätsfakultäten zum Opfer. In Padua befand sich darunter fast der gesamte Lehrkörper für Politische Wissenschaften, in Mailand der Direktor der Katholischen Universität, Maro Borromeo. Der angesehene Professor Antonio Negri wurde angeklagt, Chef der Roten Brigaden zu sein und die

63 Gerhard Feldbauer: Agenten, Terror, Staatskomplott. Der Mord an Aldo Moro, Rote Brigaden und CIA, Köln 2000.

64 Sergio Flamigni: Trame atlantiche. Storia della Logia massonica secreta P2, Mailand 1996.

65 L'Unità, 31.3. bis 3.4.1979.

66 Antonio und Gianni Cipriano, a. a. O., S. 35.

Entführung Moros organisiert zu haben. Tausende Linksradikale, viele von ihnen ohne sich eines Vergehens strafbar gemacht zu haben, wurden in die Gefängnisse geworfen, ca. 100.000 Personen von den polizeilichen Ermittlungen erfasst, rund 40.000 angeklagt, etwa 15.000 verurteilt. Es war ein Enthauptungsschlag, von dem sich die Linke und mit ihr die kommunistischen Parteien bis heute nicht erholt haben. Nach dem Tod Berlinguers am 11. Juni 1984 rissen – unter der Fahne des »Eurokommunismus« – in der IKP Kräfte die Führung an sich, die die Partei mit ihrer Umwandlung 1990 in eine sozialdemokratische Linkspartei als führende kommunistische Kraft beseitigten.

4.
Von der NATO

Nach der NATO-Gründung im April 1949 ging es den USA – ähnlich wie in Deutschland – in Italien darum, die militärischen Erfahrungen der Offiziere des »Duce« für die NATO zu sichern. Hier zeigte sich besonders, wie sie das MSI als wieder gegründete Partei Mussolinis einsetzten. Dirigiert von Allen Welsh Dulles begann das MSI, die Angehörigen der Streitkräfte Mussolinis in verschiedenen militaristischen Traditionsverbänden zu sammeln. Noch viele Jahre später, 1976, zählten sie etwa 720.000 ehemalige Angehörige der Mussolini-Armee, der Partei der »Duce« und anderer Organisationen aus der Zeit der faschistischen Herrschaft. Die Basis dafür hatten die USA als Besatzungsmacht bereits damit geschaffen, dass sie – wie im Staatsapparat, der Wirtschaft und in der Justiz – auch in den Streitkräften eine konsequente Entfaschisierung verhinderten. So konnten in die bewaffneten Kräfte der Italienischen Republik (Armee, Polizei, Geheimdienste) ein Großteil der Offiziere aus den Verbänden der Mussolini-Armee übernommen werden, darunter sogar Militärs der Salò-Republik.

Unzählige Mussolini-Offiziere gelangten so auf leitende Posten in den Streitkräften. Ihre Einheiten und Stäbe stellten sie, »solange der Vorrat reichte«, vorwiegend aus den Reihen ihrer alten Kameraden zusammen und trugen mit ihnen den »Schwarzen Geist« ins Esercito Italiano (das Italienische Heer), in die Geheimdienste sowie in die Polizei – und infizierten damit auch große Teile der kommenden Generationen in diesen Institutionen.

Hier einige Fakten über die Biographien von Altfaschisten, die in der Italienischen Republik die höchsten Stufen der Militärhierarchie erklommen: Vito Miceli begann seine Offizierskarriere in der Kolonialarmee, die 1935/36 Äthiopien eroberte. Nachdem die NATO gegründet worden war, absolvierte er deren Defence-College. »Unter den Freunden der NATO geschätzt«, stand Miceli, wie die *FAZ* am 22. Dezember 1974 berichtete, politisch immer hinter denjenigen, die sich bei einer Linksentwicklung »bis zum letzten Blutstropfen gegen eine solche Regierung schlagen würden, um die Lage wiederherzustellen«. Im Dezember 1970 war Miceli mit weiteren italienischen NATO-Generälen federführend an dem gescheiterten Putsch beteiligt, der den Nazi-Kriegsverbrecher Valerio Borghese, Chef der faschistischen Fronte Nazionale, einer MSI-Organisation, an die Macht bringen sollte. Ende 1973, Anfang 1974 war Miceli erneut an einem Putsch beteiligt, jetzt unter dem Code »Windrose«, der ein Regime nach »chilenischem Vorbild« an die Macht bringen sollte. Wenigstens 15 Generäle und Dutzende hohe Offiziere befanden sich unter den Putschisten. Dazu zählten außer Miceli weitere vier Geheimdienstgeneräle. Der beteiligte Chef des Generalstabes, Admiral Eugenio Henke, war unter Mussolini Kommandant von Torpedo- und U-Jagdbooten, von 1966 bis 1970 war er Chef des Geheimdienstes Servicio Informazione Difesa (SID) und stieg danach zum Befehlshaber der Marine auf. Der ebenfalls beteiligte Dulio Fanali war unter dem »Duce« Teilnehmer am Interventionskorps zur Niederschlagung der Spanischen Republik, in der Luftwaffe der Italienischen Republik stieg er zum Stabschef auf. Bis Ende 1974 ergingen gegen 90 Rädelsführer Haftbefehle, darunter gegen Miceli, gegen mehrere Hundert mutmaßlich Beteiligte wurde ermittelt. Aus der vom MSI geführten faschistischen Bewegung waren zahlreiche Organisationen, darunter die Ordine Nuovo Pino Rautis, in die Putschvorbereitung einbezogen. Offizielle US-Kreise verhinderten, dass die Verschwörer vor Gericht kamen.[67] Miceli trat 1976 auch offiziell dem MSI bei, wurde ins Zentralkomitee aufgenommen und zog im selben Jahr als gewählter Abgeordneter ins Parlament ein.

Gino Birindelli war unter Mussolini Kommandant einer U-Boot-Gruppe in Tobruk, in der Salò-Republik Kampfschwimmer der bereits vorgestellten Decima MAS Flottiglia. Er stieg zum Admiral auf und wurde Befehlshaber der NATO-Seestreitkräfte Europa Süd. In einem Interview für die italienische Wochenzeitschrift *L'Europeo* (9.8.1974) bekannte er sich offen zu seiner Vergangenheit und äußerte: »Ich glaube an die faschistischen Ideale. Ich bekenne mich dazu und ich bereue es nicht. Und wenn ich mein Leben nochmals von vorn beginnen könnte, würde ich es wieder so leben. Nein, ich habe keine Gewissensbisse«. Der NATO-Militär verteidigte offen die Verbrechen der von der CIA in den 1970er Jahren entfesselten »Strategie der Spannung« und nannte den Sprengstoffanschlag auf eine Gewerkschaftskundgebung in Brescia im Mai 1974, bei dem sieben Menschen ermordet wurden, »eine unbedeutende Episode«. Er verherrlichte die Militärjunta in Griechenland und erklärte: »Ich begrüße den Umsturz in Chile, und nicht weniger positiv urteile ich über Pinochet.« Während seiner Zeit als NATO-Befehlshaber ließ er sich in Neapel am Sitz seines Kommandos als »Vizekönig des Mittelmeerraumes« feiern und sagte, wenn er als neuer »Duce« an die Macht komme, werde er diese »mit großer Härte« gebrauchen. Unter der Losung einer »starken nationalen Rechten« trat der Admiral dafür ein, alle Rechtskräfte um das MSI zum »Kampf gegen den Kommunismus« zu sammeln. 1972 trat Birindelli mit sechs pensionierten Generälen und weiteren hohen Offizieren demonstrativ auf der Liste des MSI zur Wahl an – und zog mit ihnen ins Parlament ein.

67 Neue Zürcher Zeitung, 2. Mai 1975.

5.
Von der EU

Als Giorgia Meloni am 22. Oktober 2022 mit ihrem Team vereidigt wurde und ihr Amt als Ministerpräsidentin antrat, gingen die üblichen Glückwünsche ein. NATO-Generalsekretär Jens Stoltenberg schrieb: »Ich freue mich darauf, mit Ihnen zusammenzuarbeiten.« EU-Kommissionspräsidentin Ursula von der Leyen war gar erfreut, dass Meloni als erste Frau in das Regierungsamt in Italien kam und gab sich zuversichtlich, »Wir werden zusammenarbeiten, um die entscheidenden Herausforderungen unserer Zeit anzugehen, von der Ukraine bis zur Energieversorgung«. Der sozialdemokratische Bundeskanzler Olaf Scholz bekannte sich ebenfalls, mit Meloni in »EU, NATO und G7« zusammenarbeiten zu wollen.

Scholz begab sich damit in die Fußstapfen von Helmut Kohl, der im Mai 1994 die erste Regierung Berlusconi mit den MSI/AN-Faschisten wärmstens begrüßte – als er ihn im Juni zum Staatsbesuch, bezeichnenderweise dem ersten, den der damalige italienische Regierungschef absolvieren konnte – und damit salonfähig machte. Während Fini vom MSI in Rom Mussolini als »größten Staatsmann des Jahrhunderts« würdigte, seine »guten Taten« pries und seine Rehabilitierung forderte, feierte Kohl mit Berlusconi das Zustandekommen einer rechten Koalition als einen »historischen Augenblick«, nahm wohlwollend die Beteuerungen des Italieners entgegen, dass seine Regierungspartner keine Faschisten seien und eine »saubere Weste« hätten. Kohl lag damit ganz auf der von der *FAZ* am 23. April vorgegebenen Linie, dass ein »Tabu der Vergangenheit gebrochen« sei und dass das Auswirkungen im »ganzen ›westlichen‹ Europa« haben werde, womit das Blatt, wie die heutige Lage beweist, recht behalten sollte. Inzwischen betrifft das auch Ungarn oder Polen in Osteuropa bzw. Schweden in Nordeuropa.

Als sich US-Präsident Biden 2022 in die Schar der Gratulanten einreihte, hatte auch er Vorbilder, so in William (Bill) Clinton, der 1994 nach Rom eilte, um auf einem Empfang, den US-Botschafter

Reginald Bartholomew für die Regierung Berlusconi gab, dieser internationale Anerkennung zu verschaffen. Und dass er Gianfranco Fini die Hand schüttelte, konnte dieser, der gerade Mussolini als »den größten Staatsmann des Jahrhunderts« gefeiert hatte, als Dank für die italienischen Faschisten, die immer die Speerspitze des antikommunistischen Kampfes von State Department, Pentagon und CIA gebildet hatten, verbuchen.[68]

Hatte sich Brüssel zur ersten Regierung unter Berlusconi 1994 unter Kommissionspräsident Jacques Delors, zusammen mit dem griechischen Ministerpräsidenten Papandreou oder etwa dem Präsidenten des Europäischen Jüdischen Kongresses, Jean Kahn, noch kritisch geäußert, war davon bei dessen zweiten Amtsantritt 2001 nichts mehr zu spüren. Darauf wirkten wiederum die CDU/CSU ein, die der Regierung der Forza-Partei, der Alleanza Nazionale und der Lega Nord »demokratische Legitimität« bescheinigten und hofften, mit dem Wahlsieg der Koalition Berlusconis möge die Ablösung der sozialdemokratisch geführten Regierungen in der EU beginnen.[69] Edmund Stoiber, CSU-Vorsitzender und Ministerpräsident Bayerns, übermittelte Berlusconi unmittelbar nach dessen Amtsantritt eine Einladung zum Staatsbesuch nach München. Eine weitere folgte – demonstrativ nach der Polizeigewalt-Orgie während des G8-Gipfels im Juli 2001 in Genua (ein Toter, 300 zum Teil Schwerverletzte, 600 Verhaftungen), zum CSU-Parteitag in Nürnberg im Oktober 2001. Nach entschiedenen Protesten mussten die Einladungen zurückgestellt werden.

Während der Folterungen in der Bolsanero-Kaserne der Carabinieri in Genua war Berlusconis Gianfranco Fini persönlich anwesend. Für Brüssel war das kein Grund, dessen Nominierung durch Berlusconi als Vertreter Italiens für den EU-Konvent, der den Entwurf einer Verfassung für die Union ausarbeiten sollte, abzulehnen. Diesmal war es der grüne deutsche Außenminister Joseph Fischer,

68 Duce addio. La Biographia di Gianfranco Fini, Mailand 1964, S. 149 ff.

69 FAZ, 15.5.2001.

der den Ausschlag gab.[70] Die brutale Repression in Genua, mit der sich der Europäische Gerichtshof für Menschenrechte in Den Haag befasste, war für den EU-Rat kein Anlass, die halbjährige Anwartschaft Berlusconis auf den Vorsitz in diesem hohen Gremium im Sommer 2003 abzulehnen. So fand auch der EU-Abgeordnete und stellvertretende Vorsitzende der sozialdemokratischen Fraktion in Straßburg, Martin Schulz, mit seiner Kritik an dem offensichtlich kriminellen Regierungschef und der von diesem erlassenen »Lex Berlusconi« (der Gesetze, die seine Strafverfolgung während seiner Amtszeit untersagten), die er eine Manipulierung der Justiz nannte, kein Gehör. Als Berlusconi nach dieser Kritik Schulz mit den Worten, er solle in laufenden Dreharbeiten zu einem italienischen Film über Konzentrationslager die Rolle des »Capo« spielen, diesen mit diesem Nazivergleich in unverschämter Weise diffamierte, sah man in Brüssel keinen Anlass, den faschistischen Regierungschef zu suspendieren. Da blieb auch ohne Wirkung, dass selbst die Turiner *La Stampa* schrieb, Berlusconi sei »nicht berechtigt, Europa zu repräsentieren«.

Dass Vertreter der AN-Faschisten und andere Mussolini-Sympathisanten für das Parlament in Straßburg kandidieren konnten, wurde zu einer weiteren »Normalität«. Der rechte Vormarsch erreichte mit dem Wahlsieg und Regierungsantritt der Führerin der aus der AN hervorgegangenen Brüder Italiens, Giorgia Meloni, einen neuen Höhepunkt. Einige Beispiele vorheriger Etappen: 2004 konnte die Enkelin des »Duce«, Alessandra Mussolini, auf der Liste der Forza-Partei Berlusconis erfolgreich für einen Sitz im EU-Parlament kandidieren. Im selben Jahr konnte der Gründer der Lega Nord, Umberto Bossi, der einen scharfen Rassismus vertrat und unter dem die Partei Sinti und Roma »ausrotten« wollte, einen Sitz ergattern. Ebenso zog Matteo Salvini, der 2013 sein Nachfolger wurde, 2004 und nochmals 2009 ins EU-Parlament ein. 2019 konnte der von Giorgia Meloni aufgestellte Urenkel des »Duce«, Caio

---

70 taz, 29.1.2002.

Giulio Cesare Mussolini, kandidieren, der erklärte, er sei »stolz« auf seinen Urgroßvater. Meloni bezeichnete seine Kandidatur als eine »Bereicherung« ihrer Wahlliste.

6.
Unter Berlusconi ging es um mehr

Berlusconis Rolle als Begründer der ersten Koalition mit Beteiligung von MSI/AN und Lega wurde bereits dargestellt. An dieser Stelle geht es darum, seine bereits vor Regierungsantritt praktizierte und dann im Amt fortgesetzte Korruptionspraxis, die Nutzung seiner Stellung zur beispiellosen persönlichen Bereicherung sowie seine Verwicklung in weitere Wirtschaftsverbrechen aufzuzeigen. Giorgia Meloni jedenfalls scheint sich nicht im Geringsten daran zu stören, mit ihm zur Sicherung ihres Wahlsieges 2022 eine Koalition zu bilden.

Mit Berlusconi wurde Mitte der 90er Jahre ein Mann Regierungschef, der nicht nur vorbestraft war, sondern gegen den bei Amtsantritt nicht weniger als fünf Strafverfahren anhängig waren. In einem vorangegangenen Fall ging es darum, dass er seinem Intimus Bettino Craxi, mit dem er zusammen im Dreierdirektorium der Putschloge P2 Licio Gellis, eines aktiven Mussolini-Faschisten, saß, immense Geldsummen zugeschoben hatte. Er wurde in erster Instanz zu 28 Monaten Gefängnis verurteilt. 1997 waren wegen Bilanzfälschungen 16 Monate gegen ihn verhängt worden.

Gleich bei Beginn der zweiten Amtszeit 2001 leitete Berlusconi juristische Schritte ein, um die noch gegen ihn laufenden Verfahren bzw. Urteile der ersten Instanz wegen Steuerhinterziehung, Bilanzfälschungen, Bestechung, Führung von Tarnfirmen und illegalen Geldtransfers einstellen bzw. kassieren zu lassen. Bilanzfälschungen, derer er im großen Stil angeklagt war, wurden nicht mehr strafrechtlich verfolgt oder fielen unter Verjährung – allenfalls wurde ein Bußgeld fällig. Für den Fall einer Regelung seines »Interessenkonflikts« als Besitzer des Fininvest-Imperiums beabsichtigte er zunächst, es pro forma an seine Kinder zu übergeben.[71] Dazu ließ er per Gesetz die Erbschafts- und Schenkungssteuer abschaffen, was allein ihm Milliarden Dollar eingespart hätte. Später ließ er durch seine Parlamentsmehrheit beschließen, dass Regierungsmitglieder ihre Unternehmen behalten dürfen, sie lediglich einem Strohmann die Leitung zu übertragen haben. Aber selbst einen solchen setzte Berlusconi de jure nie ein.

Die Strafverhinderungsgesetze nutzten auch Berlusconis Klientel und hatten zur Folge, dass 5.000 Strafverfahren eingestellt wurden. In Hunderten von Fällen handelte es sich auch um Mafiaverbrechen, illegalen Waffenhandel, Drogengeschäfte und Bandenkriminalität.

Während der Amtszeit Berlusconis liefen mehrere Verfahren gegen Senator Marcello Dell'Ultri, die Nummer drei in der Geschäftsleitung der Fininvest. In erster Instanz wurde er wegen Vertretung von Mafia-Interessen zu neun Jahren Gefängnis verurteilt. Im Prozess kam zur Sprache, dass die Mafia in den 1970er Jahren in Mailand Berlusconis Personenschutz ausübte. Am 12. Mai 2014 wurde Dell'Ultri in letzter Instanz zu sieben Jahren Haft verurteilt.[72]

Seit seinem zweiten Regierungsantritt 2001 war Berlusconi bis 2006 auf der »Weltrangliste der Reichsten« laut dem Mailänder *Espresso* mit einem Privatvermögen von 12 Milliarden Dollar von Platz 29 auf 25 vorgerückt. Cordero di Montezemolo, Confindustria-Präsident und Direktor des FIAT-Imperiums, führte dies darauf zurück, dass der Regierungschef seine persönlichen Interessen über die des Staates stellte.[73] Als im März 2007[74] in Palermo 45 führende Mafiosi festgenommen wurden, zeigte sich, dass die Forza-Partei in

71 Bis dahin galt der Grundsatz, dass Unternehmer ab einer gewissen Größe keine Regierungsämter innehaben durften.

72 Neue Zürcher Zeitung, 12.5.2014.

73 Financial Times Deutschland, 20.2.2006.

74 2006 bis 2008 war eine Mitte-links-Regierung unter Romano Prodi im Amt.

Operationen der Mafia verstrickt war. Knapp 200 festgenommene Mitglieder zweier Camorra-Clans mit mehreren Chefs in Neapel kontrollierten nach Polizeiangaben große Teile des Drogenhandels der Stadt. Am 20. März 2007 stach die Aussage heraus, dass allein damit jährlich drei Milliarden Euro eingenommen wurden. Unter den Verhafteten befanden sich Mafiosi, die früher der Mitgliedschaft in der P2, in deren Dreierdirektorium bekanntermaßen Berlusconi saß, überführt worden waren.

7.
Als das neoliberale System versagte

Noch 2018 kam Melonis Partei lediglich auf 4,3 % der Wählerstimmen, während die Lega 17,3 % und die FI 14 % erreichten. Wo liegen die Ursachen ihres nachfolgenden Aufstiegs? Zunächst schien Matteo Salvini noch der unbestrittene Nachfolger Berlusconis an der Spitze der rechtsextremen Allianz aus seiner Lega, dessen Forza Italia und Melonis FdI. 2018/19 bestand, wie bereits angeführt, eine Regierung der Lega mit M5S und danach 2019/20 eine aus M5S und Partito Democratico (PD) gebildete Mitte-links-Regierung unter dem bis dahin parteilosen Giuseppe Conte. Letztere brachte der frühere EZB-Chef Mario Draghi im Januar 2020 zu Fall und formierte aus M5S, dem PD der Lega und der Forza Italia die sogenannte »Regierung der nationalen Einheit«, was als »Zügelung« bzw. »Einbindung« der Rechten galt. Schon diese prinzipienlosen Beteiligungen von PD und M5S an solchen Regierungsbildungen mussten ihre Wähler zutiefst verunsichern, zu Resignation, zu zunehmenden Enthaltungen bei regionalen und dann auch bei den landesweiten Wahlen 2022 führen.

FdI-Führerin Meloni trat dagegen in die Draghi-Regierung nicht ein, forderte von Anfang an deren Sturz und vorgezogene Parlamentswahlen, für die sie sich explizit zur Favoritin ausrief, und erklärte, danach »die Führung der Nation« zu übernehmen. Mit ihrer zu dieser Zeit bekundeten Gegnerschaft zur EU und der Ablehnung des Recovery-Plans verlieh sie sich das Image als konsequenter Opposition und einziger Partei, die einen Ausweg aus der permanenten politischen, Wirtschafts- und Sozialkrise zeige. Aus Protest gegen die Zusammenarbeit vor allem mit dem sozialdemokratischen PD in der Regierung wechselten im rechten Lager vor allem Anhänger der FI aber auch der Lega zur Partei Melonis, die nun an Stelle Salvinis die Führungsrolle beanspruchte, was dieser mit ihrem Wahlsieg schließlich anerkennen musste.

Um Mario Draghi wurde, wie vorher bei Conte, der Nimbus eines Bändigers der Faschisten gewoben. Bei Draghi kam hinzu, dass er einen international erfahrenen Finanz- und Wirtschaftsmanager verkörpert – erster Vorsitzender des Financial Stability Board (Finanzstabilitätsrat) gewesen war, in der Leitung der Weltbank und bei Goldman Sachs gearbeitet hatte, Gouverneur der Banca d'Italia war, 2011 bis 2019 die Europäische Zentralbank leitete und als »Retter des Euro« gefeiert wurde. An der Spitze der Regierung wurde er als Garant der Sicherung der neoliberalen Herrschaft des Kapitals und Roms Unterordnung unter die in Brüssel ausgeübte Politik gesehen.

Carlo Bonomi, Chef des Verbands der Großindustriellen (Confindustria), hatte sich mit der »klaren internationalen und proeuropäischen Vision« Draghis »sehr zufrieden« gezeigt. Mit der Äußerung, es gebe »keine Souveränität in der Einsamkeit« und mit Blick auf den Nationalstaat müsse »die nationale Souveränität aufgegeben werden, um eine gemeinsame Souveränität zu erlangen«,[75] war der Ex-Banker der erste italienische Regierungschef seit langer Zeit, der ein derartiges Bekenntnis zur, wie böse Zungen sagten, Unterordnung unter die EU ablegte. In der Opposition trat Meloni dem strikt entgegen. Anlass für Draghis Sturz war letztlich seine bedingungslose Unterstützung der Ukraine. Gerade dass er sich mit dieser auf EU-Linie befand, verdeutlicht in kaum zu verhüllender Weise das Scheitern der neoliberalen Herrschaft in Rom. Diese setzte in den

75 ANSA, 20.2.2021.

1990er Jahren und dann in wachsendem Maße nach dem Ausbruch der Wirtschaftskrise des Weltkapitalismus im Jahr 2008 ein, als herrschende Kreise »nicht mehr in der Lage waren, eine stabile Führung über die Gesellschaft auszuüben. Die politische Ordnung war seither wiederkehrenden Erschütterungen ausgesetzt, die das Kräfteverhältnis zwischen den Klassen zerrüttet und das politische System immer weiter nach rechts verschoben haben«.[76]

Nach dem Fall der ersten Regierung Berlusconi im Dezember 1994, die nicht weniger als eine direkte Lenkung der Exekutive durch den reichsten Kapitalisten des Landes darstellte, wurde dessen wirtschaftsfreundlicher Kurs de facto fortgesetzt. Staatspräsident Oscar Luigi Scalfaro lehnte vorgezogene Neuwahlen ab, da er einen Linksruck befürchtete. Deshalb beauftragte er stattdessen den Finanzminister Berlusconis, Lamberto Dini, eine sogenannte Technokraten-Regierung zu bilden. Seine Berufung war eine Fortsetzung des von Berlusconi betriebenen Wirtschaftskurses mit rigorosem Sozialabbau, denn er setzte dessen Haushaltsplan für 1995 ohne Korrekturen durch. Mit Dini begann die Praxis, die Regierungsgeschäfte führenden »Experten« aus Wirtschaft und Finanzwesen oder zumindest solchen Politikern, die sich explizit und offen zum Kapital bekannten, zu übertragen. Der im Januar 1995 ins Amt gekommene Premier war, bevor er Minister Berlusconis wurde, seit 1979 Generaldirektor der italienischen Zentralbank (Banca d'Italia) gewesen. Offenbar um strafrechtlichen Ermittlungen gegen Berlusconi vorzubeugen, übernahm Dini auch noch das Justizressort.

Vor allem aber ist zu sehen, dass mit Dini ein den Interessen des neoliberalen Systems sich anpassender Typ die Regierungsspitze übernahm. Ein moralischer Verfall, der immer größere Teile des Wahlvolks in die Arme der faschistischen Rechten trieb. Auch nachdem eine »Linke Mitte« unter dem Christdemokraten Romano Prodi 1996 die Wahlen gewonnen hatte, trat der frühere Gefolgsmann

76 Stefano G. Azzarà, Der absolute Liberalismus, in: junge Welt, 25.9.2022.

Berlusconis als Außenminister in dessen Regierung ein. Seine Stellvertreterin wurde Susanna Agnelli, die Schwester des Besitzers des führenden privaten Industriekonzerns FIAT, Giovanni Agnelli. PDS-Vorsitzender Massimo D' Alema signalisierte, »für die nächsten fünf Jahre ›linker Politik‹ zu entsagen«, was FIAT-Generaldirektor Cesare Romiti veranlasste, Prodis Kabinett eine »ausgezeichnete Wahl« zu nennen.[77] Prodi führte Italien Ende 1996 in das Europäische Währungssystem EWS zurück, 1997 wurde das Haushaltsdefizit zum BSP von 6,7 % (1995) auf 3,2 % gedrückt (Maastrichtkriterien 3 %). Die unter Dini begonnene Privatisierungspolitik wurde fortgesetzt. Die Eni und der Stromriese ENEL wurden teilprivatisiert. Mit dem Verkauf der zum Staatskonzern IRI gehörenden Telecom wurde ein weiteres Herzstück des Staatseigentums veräußert.

Bereits Anfang der 1990er Jahre kam es zur Aufdeckung der geheimen NATO-Truppe Gladio und Bekanntwerden der Rolle des mehrmaligen Ministerpräsidenten Giulio Andreotti. Das war jedoch erst der Anfang. Am 27. März 1993 klagte Staatsanwalt Gian Carlo Caselli in Palermo Giulio Andreotti der Komplizenschaft mit der Mafia an. Ein zweiter Prozess folgte in Perugia wegen Anstiftung zum Mord an dem von Mafia-Killern erschossenen Herausgeber des *Osservatore politico*, Mino Pecorelli, der angekündigt hatte, dessen Rolle bei der Ermordung Moros zu enthüllen. Die Anklage belegte mit Fotos und Filmaufnahmen, dass Andreotti zahlreiche Begegnungen mit Mafia-Bossen hatte. So wurde angeführt, dass die »Ehrenwerte Gesellschaft« auf Betreiben Andreottis der DC in Süditalien jahrzehntelang Wählerstimmen beschafft hatte, wofür angeklagten Mafiosi Straffreiheit garantiert wurde. Im Verfahren in Perugia wurde Andreotti zu 24 Jahren Gefängnis verurteilt, allerdings 1999 in der Revision freigesprochen, was der Kassationshof von Rom 2003 bestätigte. In Palermo gab es einen »Freispruch zweiter Klasse« wegen Mangels an Beweisen. Der Einspruch der Staatsanwaltschaft wurde letztinstanzlich 2003 ebenfalls vom Kassationsgericht in Rom

77 FAZ, 18.5.1996.

zurückgewiesen. Trotzdem bedeuteten die Prozesse den politischen Bankrott Andreottis, nicht zuletzt auch deshalb, weil selbst bei der Aufhebung des Urteils von Palermo festgehalten werden musste, dass der Ex-Premier der Mafia lange Zeit »freundschaftlich gesonnen« gewesen sei, was bedeutete, dass der Angeklagte nicht von jedem Verdacht freigesprochen war – und ist.

Im Februar 1992 hatten unter Leitung von Antonio Di Pietro Korruptionsermittlungen der Mailänder Staatsanwaltschaft begonnen. Auf Grund ihres rigorosen Durchgreifens bezeichnete man die Anwälte »Mani pulite«, saubere Hände. Die Ermittlungen erfassten etwa 6.000 Politiker, darunter ein Drittel der 945 Senatoren und Abgeordneten, ehemalige und im Amt befindliche Minister, die gesamte Regionalregierung der Abruzzen, unzählige Bürgermeister, Stadt- und Provinzräte. Anfang 1993 saßen 1.356 Staats- und Parteifunktionäre sowie Wirtschaftsmanager in Haft. Ob es sich um Verkehrsbetriebe, Kliniken oder Bauunternehmen handelte, die Beschuldigten hatten für die Vergabe von Bau- und Beschaffungsaufträgen oder auch nur für behördliche Genehmigungen Milliardensummen an Bestechungsgeldern kassiert. In der Region Venedig kontrollierten die ehemaligen Minister Carlo Bernini (DC) und Gianni De Michelis (ISP) die Vergabe aller öffentlichen Aufträge und kassierten die entsprechenden Bestechungsgelder. Ebenso führten Manager der Staatskonzerne an ihre Parteiführungen, die ihnen diese Posten verschafft hatten, ihre Tagenten (zukommender Teil, Schmiergelder) ab. Das Turiner Einaudi-Institut errechnete die Summe von jährlich zehn Milliarden Dollar gezahlten Schmiergeldern. Das entsprach etwa dem jährlichen Haushaltsdefizit. Auf Schweizer Konten gelagerte Bestechungserträge wurden auf umgerechnet 30 Milliarden Dollar beziffert.[78]

Gegen den amtierenden Sozialistenchef Bettino Craxi eröffnete die Staatsanwaltschaft ab Dezember 1992 wegen Korruption, Hehlerei, illegaler Parteifinanzierung und anderer schwerwiegender

78 Repubblica, 19.9.1993.

Vergehen sechs Ermittlungsverfahren. Als sich die Untersuchungen gegen den ehemaligen Regierungschef fünf Monate später auf 41 Korruptionsfälle erstreckten, entzog er sich der Vollstreckung des Haftbefehls und floh nach Tunesien. Zwischen 1994 und 1996 verhängten die Gerichte gegen ihn insgesamt 26 Jahre Gefängnis. Tunis verweigerte seine Auslieferung. Im Januar 2000 verstarb er in dem mondänen Badeort Hammamat. Vom *Spiegel* (Nr. 52/1999) nach seiner Haltung zur Korruption befragt, hinterließ er das Bekenntnis: »Alle haben das getan, alle haben davon gewusst«.

Im Westen selbst, dem Zentrum des globalen Kapitalismus, befassten sich namhafte Persönlichkeiten mit dem Bankrott dieses Systems. Nobelpreisträger Joseph Stiglitz wies darauf hin, dass der Kapitalismus unzureichend ist und den Bedürfnissen der Menschheit nicht mehr gerecht wird und schlussfolgerte, dass »Handlungen, die die Ungleichheit verstärken«, die »Politik der Regierenden in den letzten 30 Jahren ausgemacht« haben. Thomas Piketty, der zu einem der bedeutendsten Wirtschaftswissenschaftler in Europa gezählt wird, forderte eine gesetzliche Begrenzung des Vermögens von Privatpersonen und Beschlagnahme des Großteils der Vermögen von Milliardären, um es den Bedürfnissen der Gesellschaft zuzuführen. Andernfalls, werde die Welt unweigerlich in Chaos und Aufruhr versinken. Der renommierte Wirtschaftswissenschaftler und Historiker Niall Ferguson sprach vom Scheitern und dem perversen Charakter des Neoliberalismus. Er zählt die zerstörerischen Merkmale des modernen Kapitalismus auf, die durch seine Ideologie hervorgerufen werden: stark wachsende Staatsverschuldung, unaufhaltsamer Rückgang der Gesamtnachfrage, Zunahme der versteckten Arbeitslosigkeit sowie Verschärfung der sozialen Ungerechtigkeit. Der Milliardär Ray Dalio, der als der reichste US-Investor gilt, bekannte, der Kapitalismus, wie wir ihn kennen, ist nicht lebensfähig. Ohne einen grundlegenden Wandel des Weltwirtschaftssystems hin zu echter sozialer Gerechtigkeit ist eine Krise unvermeidlich, die zu Revolutionen und Bürgerkriegen auf dem gesamten Planeten führen wird, so Dalio. Im Bericht der internationalen Forschungsorganisation Oxfam für 2022 »Von der Krise zur Katastrophe« hieß es: Während der Corona-Pandemie habe sich das Gesamtvermögen der zehn Reichsten auf 1,5 Billionen Dollar mehr als verdoppelt. Und das Kapital aller Dollarmilliardäre der Welt entspricht 55 Prozent des US-BIP. Gleichzeitig stieg die Zahl der Menschen, die unterhalb der Armutsgrenze leben, um 163 Millionen. Die Realeinkommen von 500 Millionen Menschen sind gesunken, das sind dreieinhalbmal so viele wie in Russland. Heute gibt es mehr als 800 Millionen Menschen auf der Welt, die mit maximal zwei Dollar pro Tag auskommen müssen.[79] Auch wenn diese Kapital-Experten nicht zu der Erkenntnis gelangen, dass dieses System nur durch die Lösung der sozialen Frage überwunden werden kann, wissen sie immerhin, dass man der Ware Arbeitskraft minimale Existenzbedingungen sichern muss.

Die Verwicklungen führender Vertreter der, wie man sie oft nennt, politisch herrschenden Klasse in das Geflecht von Mafia und Faschismus zur Sicherung der Herrschaft des Kapitals[80] waren ein entscheidender Faktor, der jedes Vertrauen gegenüber Regierungen erschütterte. So wurden viele Menschen den faschistischen Rechten, die es – wie unter Berlusconi – verstanden, ihre eigene Beteiligung zu verhüllen, in die Arme getrieben.

Nach Berlusconis Wahlsieg 2001 schloss dessen früherer Minister Dini sich der Zentrumspartei La Margherita (Weiße Wucherblume) an. 2007 gehörte er zu ihren Mitgliedern, die sich, um die Kommunisten (PRC und PdCI) aus Mitte-links-Regierungen auszuschließen, mit den Democratici di Sinistra zum Partito Democratici (PD) zusammenschlossen. Es ging um eine auf die Mitte ausgerichtete Partei, in der die Linksdemokraten ein benötigtes, aber beherrschbares Anhängsel bilden sollten. Ein Teil der Democratici di Sinistra verweigerte sich deshalb der Fusion und schloss sich der Fünf-Sterne-Bewegung (M5S) an.

---

79 Zitiert in: Rückkehr des sozialistischen Modells. Juri Afonin (stv. Vorsitzender der KPRF). Der globale Kapitalismus ist gescheitert, in: junge Welt, 27.12.2022.

80 Giorgio Galli: Staatsgeschäfte, Affären, Skandale, Verschwörungen, Hamburg 1994, S. 21, 217 ff.

Die Installierung Mario Draghis mit Brüssels Gnaden war kein Novum. Bereits nach dem Fall Berlusconis 2011 beauftrage Staatspräsident Giorgio Napolitano den früheren EU-Kommissar, den Wirtschaftsprofessor Mario Monti, eine Übergangsregierung zu bilden. Sie hieß schon damals »Regierung der Nationalen Einheit« und Monti nahm ihre parlamentarische Unterstützung durch Berlusconi, dessen Forza-Partei nun als Il Popolo della Libertà (PdL) agierte, an, dem sonst nach seiner Niederlage der Untergang gedroht hätte. Monti bot zwar der wüsten Hetze Berlusconis gegen alles Linke gewissen Einhalt, setzte aber den von Brüssel verordneten Kürzungskurs ohne nennenswerte Abstriche fort. Zu den im Frühjahr 2013 anstehenden Wahlen trat er mit der Formation Bürgerliste an, kam aber nur auf 10,5 %.

Zwischenzeitlich gewann der Kandidat für das Präsidentenamt, Giorgio Napolitano, im Mai 2008 nur mit den Stimmen Berlusconis die Wahl. Er zeigte sich erkenntlich und beauftragte einen Neffen von Gianni Letta aus Berlusconis PdL, Enrico Letta, mit der Regierungsbildung. Der hatte als früherer rechter DC-Mann sich nach deren Untergang auch der Margherita-Partei angeschlossen und mit ihr 2007 die Gründung des PD mitgemacht.[81] Kurz gesagt: im Ergebnis des Gerangels um den Chefposten setzte sich Matteo Renzi, ebenfalls ein früherer Rechter der Margherita, der die Bildung des PD mit betrieben hatte und in ihre Führung aufgestiegen war, durch. Zunächst stürzte er 2013 Letta als Parteichef und putschte sich ein Jahr später als »ein Karrierist ohne Skrupel« an die Regierung.[82] Während er den PD von den noch vorhandenen Ex-Kommunisten säubern wollte, was ihm den Ruf »Rottamatore« (Verschrotter) einbrachte, versuchte er gleichzeitig, den PD in eine »Partei der Nation«, was hieß, in eine »Partei für alle« umzuwandeln. Im sozialen Bereich schaffte er mit einem Gesetz über eine sogenannte Arbeits-

81 Der Leser vermutet richtig, das ist jener Letta der als PD-Chef 2021 die Partei in die Regierung unter Draghi einbrachte und so zu einem Wegbereiter der Faschistin Meloni an die Regierung wurde.

82 La Repubblica, 16.2.2014.

marktreform (»Jobs act« genannt) den Artikel 18 des Kündigungsschutzes im Arbeitsgesetz ab bzw. schränkte ihn ein. Die Fäden, um Renzi auf den Sessel des Regierungschefs zu hieven, hatte wieder einmal das Kapital in Gestalt der Confindustria gezogen, die in diesem »ihren Mann« sah. Auf Befürchtungen der Unternehmer, er werde Protesten gegen seinen »Jobs act« nachgeben, versicherte er deren Präsidenten Giorgio Squinzi auf einer Vorstandssitzung, er werde sich im PD »nicht aufhalten lassen«, das Dekret werde auch »kein Gegenstand von Verhandlungen mit den Gewerkschaften sein«, »die Zeiten, da eine Manifestation die Regierung stoppen konnte«, seien »vorbei«. Squinzi dankte dem Premier »herzlich« und versicherte, dass die Unternehmer »mit ihm sind«. Die Proteste hielten dennoch an und Renzi musste 2016 als Premier zurücktreten, 2018 wurde er auch als PD-Vorsitzender abgewählt. Danach verließ er mit etwa 40 Parlamentariern aus Abgeordnetenkammer und Senat den PD und gründete die Partei Lebendiges Italien (Italia Viva, IV). Zu den Wahlen 2022 schloss er sich dem betont antikommunistisch ausgerichteten »Dritten Pol« des Leiters der Zentrumspartei Azione, Carlo Calenda, an. (Calenda, der vorher dem Bündnis mit PD angehörte, verließ dieses und gründete den Dritten Pol, nachdem Letta in sein Bündnis die Sinistra Italia, die der Ex-Kommunist des PRC, Fratoiani, leitet, aufgenommen hatte, und beschuldigte Letta, ein Bündnis mit Kommunisten zu schließen.)

Diese Entwicklung wie auch der Werdegang vieler Funktionäre zeige einen langen Prozess der »weitgehenden Entmachtung der subalternen Klassen«, so Stefano Azzarà. Es handele sich um eine Krise, die dergestalt nicht nur Italien erfasst, sondern in allen westlichen Ländern herrscht und vor allem mit den konkreten Verarmungsprozessen der Mittelschichten und des Kleinbürgertums zusammenhängt. Sozialer Schichten mithin, die sich nicht mehr von der nationalen herrschenden Klasse geschützt fühlen, mit der sie während der gesamten Zeit nach dem Zweiten Weltkrieg zusammengeschlossen waren, was dazu führte, dass das »Movimento Cinque Stelle (M5S) und die Lega von Matteo Salvini schier unaufhaltsam an Wählerzuspruch gewannen«. Ausdruck dafür war auch, dass nach einer Wähleranalyse des *Manifesto* (13.8.2022) mehr als 70 % der Unter- und Mittelschicht nicht an den Wahlen teilnahmen.

Wenn Antonio Gramsci in seiner antifaschistischen Konzeption 1926 einschätzte, dass »die herrschende Klasse in den kapitalistisch hochentwickelten Ländern politische und organisatorische Reserven besitzt, die es ihr ermöglichten, Rückwirkungen auch »schwerster Wirtschaftskrisen auf das politische Leben«, auszuschließen,[83] dann trifft das heute im Wesentlichen nicht mehr zu. Und der russische Präsident Putin hat wohl nicht ganz unrecht, wenn er zu dem »Bankrott des neoliberalen Modells à la USA« konstatierte, dass »das schöpferische Potential des Westens aufgebraucht ist« und dieser deshalb versuche, die freie Entwicklung anderer Zivilisationen zu zügeln und möglichst zu blockieren.[84]

83 Probleme di Storia del PCI, Rom 1971, S. 29.

84 junge Welt, 2.11.2022.

III.
Der Weg an die Macht

1.
Wahlkampf und Regierungsbildung

Im Wahlkampf 2022 bezog Meloni für den Faschismus typische demagogische Positionen. Sie schwankte zwischen Bekenntnissen zum Erbe Mussolinis und der Ankündigung, die unter den Regierungen Berlusconis seit 1994 verfolgten »Ziele von Mitte-rechts« zu »wiederholen«. Dazu versicherte sie Korrekturen an ihrer EU-feindlichen Haltung und beteuerte, den Staatenbund »nicht zu sabotieren, sondern »effektiver« zu gestalten.

Um Wähler der Mitte anzusprechen, wurde sie nicht müde, zu sagen: »Ich bin Christin, ich bin eine Frau, bin Mutter.« Ziel war hier natürlich, möglichst breite Kreise der katholischen Schichten mit einer Ablehnung der Schwangerschaftsabbrüche und Leihmutterschaften zu gewinnen. Nachdem sie hier auf starken Widerstand stieß, versuchte sie einzulenken, indem sie betonte, das Recht auf Abtreibung nicht abschaffen zu wollen. Gegenüber Homosexuellen, überhaupt sexuellen Minderheiten, blieb sie dagegen unnachgiebig.

Nachdem sie bereits bei der Ankündigung ihrer Kandidatur für das Amt der Ministerpräsidentin erklärt hatte, es gehe darum, »die Identität und die Ziele« von Mitte-rechts »zu wiederholen«,[85] kam sie auf den Kern dieser Frage zu sprechen, die von Berlusconi seit seiner ersten Regierung 1994 verfolgte Forcierung eines Präsidial-

85 Il Manifesto, 23.7.2022.

regimes. Ziel war und ist, dass der Präsident der Republik künftig direkt und nicht vom Parlament gewählt wird. Wer genau hinhörte, konnte erkennen, um was es dabei ging. Denn Meloni sagte, dass das neue institutionelle System dem Sieger garantieren solle, dass er »fünf Jahre lang regieren kann«. Im Klartext: Während der Legislaturperiode soll eine Abwahl, in der Regel eine Protestwahl, mittels vorgezogener Wahlen, wie sie die Verfassung vorsieht, unmöglich sein. Dies bedeutete nichts anderes als die massive Beschneidung des Wählerwillens – und eben der demokratischer Rechte.

Obendrein forderte Berlusconi daraufhin, wenn die Reform durchgehe, sei der Rücktritt Sergio Mattarellas der nächste notwendige Schritt. Das ist »ein klarer Angriff auf die Verfassung«, kommentierte *Contropiano* (18.8.2022). Denn es bedeute, die parlamentarische Republik zu beseitigen, was ein Wechsel der Staatsform sei, auch, weil die Direktwahl des Präsidenten der Republik mit sich bringt, den Vertreter einer Partei zu wählen, was »keinesfalls die von der Verfassung vorgesehene Garantie« sei. Zwei Tage vor der Parlamentseröffnung, in der Meloni ihre Berufung zur Ministerpräsidentin durch Staatspräsident Sergio Mattarella erwartete, ließ sie mit der Ankündigung, »wir haben die Absicht, eine autoritäre und hochrangige Regierung zu schaffen, die mit Kompetenzen ausgestattet ist. Unser Ziel ist es, dieser Nation die autoritärste Regierung zu geben, die möglich ist«, die Katze ein Stück aus dem Sack.[86]

Wachsende Kritik an ihrer Nähe zu Mussolini versuchte Giorgia Meloni in ihrer ersten Regierungserklärung am 25. Oktober mit ihrer Äußerung, »nie mit dem Faschismus sympathisiert zu haben«, zu entkräften. Sie habe »niemals Sympathie oder Nähe für antidemokratische Regimes empfunden. Für kein Regime, auch nicht für den Faschismus«, zitierte sie die staatliche Nachrichtenagentur *ANSA*.[87] In ihrer Rede zur Vertrauensabstimmung in der Abgeord-

86 ANSA, 15.10.2022.

87 Ebd., 25.10.2022.

netenkammer am 25. Oktober ging sie dann so weit zu behaupten, sie habe »auch die Rassengesetze von 1938 immer als den Tiefpunkt der italienischen Geschichte betrachtet, als eine Schande, die unser Volk für immer prägen wird.«[88]

In *Il Manifesto* schrieb die bereits zitierte Chefredakteurin der linken Zeitung, Norma Rangeri, zutreffend, Meloni habe »den großen Sprung vom Status eines Underdogs zum Ansehen einer institutionellen Figur, von der Rolle der Parteiführerin zu der der Regierungschefin versucht«. Das »mühselige Unterfangen gelang allerdings nicht«. Sie setze den Weg der Draghi-Regierung mit den »schlimmsten illiberalen, obskurantistischen und faschistischen Regimes in Europa« fort. Sie habe »ihre Hausaufgaben für die gemacht«, die sie »jenseits der Grenze beobachten«. Sie habe beschworen, dass sie keine Sympathie für »autoritäre Regime, einschließlich des Faschismus« hege, ohne sich allzu sehr um die vielerorts gesendeten Videos über ihre »leidenschaftliche Wertschätzung für Mussolini«, den »großen Staatsmann«, zu kümmern. Heute seien »Freiheit, Gleichheit, Demokratie« die Eckpfeiler ihres neuen Kurses. »Mit der Meloninschen Macht, einschließlich der Medien, werden wir sehen, welche imaginäre, welche kulturelle Hegemonie das Land einhüllen wird«.[89]

Nachdem das auch andernorts auf scharfe Zurückweisung stieß, legt sie vor Weihnachten mit einem Besuch des Jüdischen Museums in Rom nach, bekundete »ihre Verbundenheit zum jüdischen Volk« und kündigte »einen baldigen Besuch Israels« an. Außerdem verurteilte sie nochmals die vom Mussolini-Regime 1938 erlassenen italienischen Rassengesetze als »Schande«. Bei dem Besuch hatte sie den Leuchter zum Lichterfest Chanukka entzündet und erklärt, Juden seien »ein grundlegender Teil der italienischen Identität«. Am Ende ihrer Rede hat sie Sami Modiano, einen Überlebenden des Vernichtungslagers Auschwitz-Birkenau, begrüßt. Die Präsidentin

88 ANSA, 25.10.2022.

89 Il Manifesto, 25.10.2022.

der Jüdischen Gemeinde Rom, Ruth Dureghello, wünschte Meloni, »nicht nur heute Abend eine Lampe anzuzünden, sondern alle Tage ihres Lebens ein starkes Licht in sich zu tragen, um sich der großen Aufgabe zu stellen, die vor ihr liegt«.[90]

Mit dieser Haltung ahmte Meloni – fast wörtlich – ihren Ziehvater in der AN, Gianfranco Fini nach. Der hatte, als er 1998 vor der Delegierung in den Verfassungskonvent der EU stand, auch kosmetische Korrekturen vorgenommen und in einem Interview für den israelischen Rundfunk erklärt, seine »Postfaschisten« hätten mit den »Komplizen des nationalsozialistischen Judenmordes« nichts mehr gemeinsam. Das ging schon damals von der Position aus, dass für den Holocaust allein Hitlerdeutschland verantwortlich sei.[91]

Auf den Vorwurf, es handele sich um eine rein demagogische »Abkehr« von Mussolini und dem Faschismus, reagierte Meloni auf ihrer Pressekonferenz am 9. Dezember, indem sie sich hinter eine Erklärung von Senatspräsident La Russa stellte. Der hatte sich zu der Behauptung verstiegen, der MSI habe nach 1945 »Millionen von Italienern, die sich durch den Krieg besiegt fühlten, zur Demokratie verholfen«.[92]

Gemessen an ihrem Agieren in der Wahlkampagne waren ihre Aussagen gegenstandslos – genauer: eine infame Lüge. Ihr Verbündeter Salvini bekannte sich, wie bereits dargelegt, grundsätzlich zu den Rassengesetzen Mussolinis, hatte verlangt, »den Begriff der Rasse« wieder einzuführen und einen »Sonderbeauftragten für Roma und Sinti« zu ernennen. In der Migrationsfrage bekannte Meloni sich nicht nur zu der von Salvini, in seiner Zeit als Innenminister

90 stol.it – Nachrichten für Südtirol, 21. Dezember 2022.

91 Das entsprach auch der nach 1945 prominenten These, »die italienischen Rassengesetze seien auf Druck des deutschen Bündnispartners eingeführt worden«, was jedoch, wie Gabriele Schneider schrieb, »jeglicher Grundlage« entbehrt. Vgl. »Mussolini in Afrika. Die faschistische Rassenpolitik in den italienischen Kolonien 1936-1941«, Köln 2000, S. 76f.

92 ANSA, 29.12.2022.

2018/19 betriebenen Flüchtlingsabwehr, sondern wollte ihn mit der Forderung, Migranten bereits durch die italienische Küstenwache vor Libyen abzufangen und in die inhumanen Flüchtlingslager des Landes zurückzubringen, noch überbieten. Hintergrund war hier, dass ihr Salvini noch die Führerschaft in der Allianz und den Anspruch auf den Posten des Premiers streitig machte, den in aller Regel die stärkste Partei erhält.

Mit Salvini holte sich Meloni einen fanatischen Verfolger nicht nur der Migranten, sondern auch ihrer Unterstützer ins Boot ihrer Regierung. Im Oktober 2018 hatte er als Innenminister die Verhaftung des Bürgermeisters der etwas mehr als 2.000 Einwohner zählenden Gemeinde Riace in Kalabrien, Domenico (»Mimmo«) Lucano, veranlasst. Er wurde erst unter Hausarrest gestellt, danach aus Riace ausgewiesen. Erst 11 Monate später durfte er zurückkehren.

Lucano gehörte zu den Bürgermeistern, die sich – wie Leoluca Orlando aus Palermo, Luigi de Magistris aus Neapel oder Giuseppe Sala aus Mailand – geweigert hatten, das von Salvini durchgesetzte rassistische und gegen die Verfassung verstoßende »Sicherheitsgesetz« anzuwenden. Lucano trat für die Öffnung der Häfen für Schiffe mit Flüchtlingen ein. Er brachte ankommende Migranten in leerstehenden Häusern unter und half ihnen materiell.

Am 30. September 2021 verurteilte ein der rassistischen Verfolgung höriges Gericht in Locri in Kalabrien den früheren Bürgermeister zu 13 Jahren und zwei Monaten Haft. Der 63-Jährige sei der Beihilfe zu »illegaler Migration« und in Zusammenhang damit des Betrugs, der Veruntreuung, des Amtsmissbrauchs und der Bildung einer kriminellen Vereinigung schuldig, hieß es in der Begründung des Urteils. Dass er Italiener, die Migrantinnen heirateten, bei der Eheschließung unterstützte, wurde ihm im Prozess als das Organisieren von Scheinehen angelastet, mit denen er den Frauen Aufenthaltsgenehmigungen verschafft habe. Dass er die Müllentsorgung des Dorfes nicht öffentlich ausgeschrieben und stattdessen an Genossenschaften vergeben hatte, denen Migranten angehörten, wurde als Amtsmissbrauch ausgelegt. Außerdem wurde er verurteilt,

500.000 Euro zurückzahlen, Gelder die die Regierung in Rom und die EU für Flüchtlinge bereitgestellt hatten, die er nutzte.[93] Der Verurteilte erklärte, »ich habe mein Leben damit verbracht, gegen die Mafia zu kämpfen, habe mich auf die Seite der Schwachen gestellt, und nun werde ich wie ein Mafioso verurteilt«. Seine Anwälte Giuliano Pisapia und Andrea Daqcua, die den Angeklagten kostenlos verteidigten, sprachen von einem »politisch motivierten« Prozess, einer »ungerechtfertigten Verurteilung, die völlig im Widerspruch zu den Beweisen steht«. Ihr Mandant lebe in Armut, er habe Flüchtlingen und Migranten geholfen und keine finanziellen oder anderweitigen Vorteile aus seiner Tätigkeit als Bürgermeister von Riace gezogen. Sie legten sofort nach der Verlesung des Urteils Berufung ein.

Unter dem Titel »Das Dorf des Willkommens« brachte der Zürcher Verlag rüffer & ruh ein Buch heraus, in dem Mimmo Lucano Einblick in sein Leben gab, das ihn an die Seite der Verfolgten, der Migranten und Hilfsbedürftigen führte.[94] In seiner Kindheit und Jugend erlebte er in einem Bergdorf im Süden selbst, wie mehrere Geschwister nach Übersee auswanderten. Sie sahen sich nie wieder. In Turin war er in der radikalen Lotta Continua aktiv, die sich für die Rechte der aus dem Süden emigrierten Arbeiter einsetzte. In sein Dorf zurückgekehrt, kämpfte er fortan an der Seite der Armen und Schwachen, gegen Unrecht und gegen die Macht der Mafia. Als 1998 ein Boot mit kurdischen Flüchtlingen in Riace landete, half er ihnen. Er war zutiefst beeindruckt von ihrem Freiheitskampf, und als er 2004 Bürgermeister von Riace wurde, ernannte er Abdullah Öcalan zum Ehrenbürger seiner Gemeinde. Mit Mitstreitern gründete er den Verein »Città Futura« (Stadt der Zukunft). Dieser förderte kleine Werkstätten und Läden, schaffte Arbeitsplätze für Einheimische und Migranten. Er brachte Migranten in leerstehenden Häusern unter und half ihnen materiell. So kamen zu den 1.800 Einwohnern

93 Il Manifesto, ANSA, 30.9.2021.

94 Mimmo Lucano: Das Dorf des Wollkommens, Zürich 2021.

450 Geflüchtete hinzu. Mit ihnen zog in das gottverlassene Dorf Leben ein. Lucano erzählte, wie er staatliche Aufnahmeprogramme unbürokratisch umsetzte. Tief bewegend schilderte er, wie es der Migrantin Becky Moses, die aus Nigeria geflohen war, erging. Sie kam 2015 nach Riace, nach der Ablehnung ihres Asylantrags zog sie 2018 zu Freundinnen in das berüchtigte Lager San Ferdinando bei Reggio Calabria. In dem slumartigen Camp schufteten Hunderte Migranten gegen Hungerlöhne in den Olivenhainen und Orangenplantagen. Als dort ein Feuer ausbrach, verbrannte Becky Moses in einem Zelt. Bei der Toten wurde ein Ausweis gefunden, den Mimmo Lucano ihr kurz zuvor ausgestellt hatte. »Die Erinnerung an sie bleibt für immer«, schrieb er. Es darf nicht sein, dass »die Ablehnung eines Asylantrags den Tod bedeutet«. Er ließ Becky Moses auf dem Friedhof von Riace beisetzen.

Riace wurde unter seinem Bürgermeister Lucano weltweit bekannt, erhielt den inoffiziellen Beinamen »Willkommensstadt«. 2016 wurde ihr Bürgermeister in die Liste der 100 einflussreichsten Persönlichkeiten des US-Magazins *Fortune* aufgenommen. 2010 erhielt Lucano die Auszeichnung als drittbester Bürgermeister der Welt und inspirierte Wim Wenders zu einem Film. Die Stadt Dresden zeichnete ihn 2017 mit ihrem Internationalen Friedenspreis aus.

Welche Auswirkungen die gegen Migranten betriebene rassistische Hysterie zeitigte, verdeutlichte auch der Tod eines schwarzen Straßenhändlers am 29. August 2022 in der von der Lega regierten Region Marken. Dort wurde in dem Adriabadeort Civitanova der 39-jährige Nigerianer Alika Ogorchukwu am frühen Nachmittag in einer belebten Einkaufsstraße regelrecht zu Tode geprügelt. Passanten schauten tatenlos zu, niemand griff ein, aber viele filmten die Szene mit ihren Smartphones. Der Täter, ein 32-jähriger Italiener namens Filippo Ferlazzo aus Salerno, entriss dem körperlich behinderten Opfer seine Krücke und erschlug es damit. Er schlug noch auf den Nigerianer ein, als dieser bereits am Boden lag. Zuletzt stahl er dem Opfer noch das Handy. Bei der Festnahme durch die Polizei behauptete er, der Händler habe seiner Begleiterin Waren angeboten und sei dabei zudringlich geworden.[95] In vielen Medien hingegen wurde Ogorchukwu als ein ruhiger, sanftmütiger, lockerer Mensch beschrieben. »Er schien nicht der Typ zu sein, der Passanten nervt«, erklärte eine Frau, die in einer nahegelegenen Bar arbeitete, gegenüber *Manifesto*. »Er hat höchstens mal um Kleingeld gebeten. Er kam oft hierher, er hat nie Probleme gemacht.« Ogorchukwu war, berichtete *Manifesto*, »eine bekannte Persönlichkeit in Civitanova, hatte eine Aufenthaltserlaubnis, war verheiratet und Vater eines kleinen Sohnes. Aufgrund eines schweren Unfalls vor einigen Monaten war er auf eine Krücke angewiesen.« Das Verbrechen löste landesweit Empörung aus. Im italienischen Fernsehen sagte ein Passant, der Mann sei nur wegen seiner Hautfarbe getötet worden. Die Zeitung *Quotidiano Nazionale* nannte den Mord ein Ergebnis »rassistischen Hasses« und eines »Klimas der Gleichgültigkeit«. In der römischen Tageszeitung *La Repubblica* machte der Priester und Gründer einer Wohlfahrtsorganisation, Vinicio Albanesi, ebenfalls »Rassismus für den Mord verantwortlich«: »Wir leben in einer misstrauischen Region, in der Schwarze nur dann akzeptiert werden, wenn sie die bescheidensten Arbeiten verrichten.« Die Region Marken, in der Civitanova liegt, wird seit September 2020 von Francesco Acquaroli von den Brüdern Italiens (FdI) regiert. Dieser distanzierte sich zwar im Anschluss von dem »Akt beispielloser Gewalt«. Riccardo Augusto Marchetti, Regionalkommissar der Marken, sah dagegen darin ein Ergebnis der Aufnahme von Migranten und bekräftigte: »Sobald wir zur Regierung zurückkehren, werden wir die Sicherheitsmaßnahmen verstärken. Die Italiener können nicht weiter in Angst leben«: Das linke Magazin *Contropiano* verwies in seinem Onlineportal darauf, dass der Mord in Civitanova kein Einzelfall war und es in den vergangenen Jahren wiederholt zu rassistischer Gewalt in der Region der Marken gekommen war. Vor fünf Jahren wurde ein Nigerianer erschlagen, zwei Jahre später wurden in der Provinzhaupt-

95 ANSA, 29./30.8.2022.

stadt Macerata mindestens sechs Afrikaner von Kugeln getroffen. Beide Vorfälle ereigneten sich jeweils am Vorabend von Wahlen, bei denen die Lega und die Brüder Italiens die Stimmung angeheizt hatten.

Natürlich fehlte in Melonis Rhetorik nicht das Versprechen, Familien zu fördern, Arbeitsplätze zu schaffen, die Mindestrenten anzuheben und die Steuern zu senken. Aber auch das Staatskapital stärker zu stützen. Sie versprach, die von Draghi geplante Privatisierung der als Nachfolger der in den Ruin getriebenen Alitalia neu gegründeten nationalen Fluglinie ITA und ihren Verkauf an Lufthansa, Air France oder US-amerikanische Anbieter zu stoppen. Seit dem Regierungswechsel gehört Lufthansa zu den privilegierten Anbietern. Inzwischen ist der Verkauf an Lufthansa unter Dach und Fach und das Wahlversprechen, wie viele andere auch, passé.

Um Wähler aus der starken Anti-Vax-Bewegung zu gewinnen, mischte ihre Brüderpartei mit der Lega deren Proteste mit dem Versprechen auf, sie werde die Impfpflicht aufheben. Mit der Ablehnung, den »Grünen Pass »wieder einzuführen, sprach sie betroffene Arbeitnehmer, Gewerbetreibende, gerade auch Gastronomen an. Sie versprach, eine parlamentarische Untersuchungskommission einzusetzen, die die medizinische und wirtschaftliche Handhabung der COVID-19-Pandemie in Italien sowie Nebenwirkungen der Impfungen prüfen sollte.

Die von den FdI vertretenen Bekenntnisse zu Naturschutz und Umweltpolitik weisen nach Auffassung des Umwelthistorikers Nils Franke, Professor an den Universitäten von Mainz und Leipzig, starke Parallelen zum Geodeterminismus[96] auf, nach dem ein Volk von einem nationalen Genpool definiert wird, der sich schon im

96 Diese Theorie geht von einer organischen Verbindung von Raum und Mensch aus, d.h. einem Vulgärmaterialismus, nach dem der absolute Raum »an sich« eine eigenständige Wirkung auf den Menschen ausübt und somit nicht nur sein Handeln beeinflusst, sondern auch die Kultur und Gesellschaft bestimmt.

»Nationalsozialismus« unter Hitler in der Blut- und Bodenideologie niedergeschlagen hatte.[97]

Als sie in der Opposition war, hatte Meloni Premier Draghi beschuldigt, eine antieuropäische Wirtschaftspolitik zu betreiben, ihm vorgeworfen, an Italiens Wachstumsschwäche Schuld zu sein, seine Regierung als »Sklavin Europas« und »Feind der Italiener« gebrandmarkt. Nachdem Draghi am 24. August auf der Handelsmesse in Rimini erklärt hatte, er werde einer kommenden Regierung, »welcher Couleur« sie auch immer sein werde, »zur Verfügung stehen«, vollzog sie eine regelrechte Kehrtwende um 180 Grad und erklärte nun, sie werde einen Austritt Italiens aus der EU nicht anstreben. Kritiker dieses Kurswechsels versuchte sie auf einer Wahlkundgebung am 11. September 2022 in Mailand mit einem scharfen Konter zu beschwichtigen: Mit uns ist »der Spaß vorbei! Auch Italien wird anfangen, seine nationalen Interessen zu verteidigen.« Auch dass sie in Strasbourg gegen einen Bericht, wonach die Regierung ihres Freundes Viktor Orbán, als eine nicht vollwertige Demokratie verurteilt werden sollte, stimmte, galt der Beruhigung der aufgebrachten Gemüter.[98] Dem Corona-Wiederaufbauprogramm, aus dem Italien 191 Milliarden Euro bekommen soll, das sie bis dahin abgelehnt hatte, stimmte sie nun auch zu, forderte lediglich Nachverhandlungen.

Sympathiebekundungen Berlusconis und Salvinis für Putin im Krieg in der Ukraine trat sie entschieden entgegen, inklusive der vorbehaltlosen Unterstützung auch der Waffenlieferungen an Kiew, und betonte darüber hinaus, ihre Regierung werde die »atlantischen« Verbindungen zu den USA stärken. Bereits im Wahlkampf zeigte sich, dass die in der Koalition demonstrierte Einheit brüchig ist. Meloni wollte dem Staatspräsidenten, der die Ministervorschläge absegnen musste, mit Salvini nicht einen Innenminis-

97 Das Programm von Fratelli d'Italia ist der NPD näher als der AfD, in: Der Spiegel, 27.9.2022.

98 ANSA, 11.9., 22.9.2022.

ter präsentieren, »der wegen der Aussperrung von Rettungsschiffen und Amtsmissbrauch noch unter Anklage steht«, schrieb das linksliberale *Fatto Quotidiano*. Daraufhin drohte Salvini an, wenn er das Innenministerium nicht zurückerhalte, werde die Lega der Regierung nicht beitreten, sondern sie nur »extern«, d.h. im Parlament, unterstützen.

Hinzu kam, dass in der Lega-Führung Stimmen laut wurden, sich Salvinis, nachdem die Partei von 17,3 % 2018 auf 8,8 % 2022 abgesunken war und Meloni ihn von der Führung des Bündnisses verdrängt hatte, als Parteichef zu entledigen. Wortführer eines »Führungswechsel an der Spitze« war der Regierungschef der Lega in der Lombardei, Roberto Maroni, der für die Einberufung eines Parteitages plädierte. Ihm schloss sich mit dem Regierungschef der Region Venetien, Luca Zaia, ein weiterer Spitzenmann der Lega an.[99] Meloni wollte jedoch, zumindest bis zur Amtseinführung ihrer Regierung, verhindern, dass Salvini als Lega-Führer abgelöst wurde, und gab deshalb nach, er erhielt das Infrastrukturministerium. Obendrein wurde er dann noch einer ihrer beiden Stellvertreter.

Berlusconi rückte nicht von seiner Haltung zu Putin ab und erklärte, der habe doch nur Selenskyj durch »ein paar vernünftige Leute« ersetzen wollen. Dann wurde noch bekannt, dass er von Putin 20 Flaschen Wodka zum Geburtstag erhalten und diesem dafür ebenso viele Flaschen Lambrusco-Champagner geschickt hatte. Danach entschied Meloni, ihn nicht, wie von ihm gefordert, als Senatspräsidenten vorzuschlagen, worauf dieser mit seinen Forza-Leuten gegen den von Meloni aufgestellten La Russa stimmte. Danach berichtete *La Repubblica*, mit Fotos belegt, dass Berlusconi in Notizen seine Verbündete Meloni »eigensüchtig, anmaßend, arrogant und beleidigend« nannte, mit der »man nicht zusammenarbeiten könne«. Meloni reagierte und ersetzte bei der Wahl des Vorsitzes in der Abgeordnetenkammer nun auch noch Berlusconis Vertraute Licia Ronzulli durch den Lega-Bewerber Lorenzo Fontana. Der Streit es-

99 ANSA, 30.9.2022.

kalierte, als Meloni es darüber hinaus ablehnte, Ronzulli als Ersatz ein Schlüsselressort in ihrer Regierung zu überlassen. Aber um den Zusammenhalt in ihrer Koalition nicht zu gefährden, musste Meloni schließlich nachgeben und der FI zum Ausgleich ein zusätzliches Ministerium überlassen. Vor den Kameras heuchelten dann alle wieder »herzliche Übereinstimmung«.[100]

Als Meloni Ende Februar 2023 nach Kiew reiste und Selenskyj »die volle Unterstützung Italiens angesichts der russischen Aggression« bekräftigte und versprach, weiter »alle Arten von militärischer, finanzieller und ziviler Unterstützung zu leisten«, zeigte sich erneut, dass ihre Koalition in der Frage ihres Verhältnisses zum Krieg in der Ukraine nicht auf einen Nenner kam. Während Meloni auf einer Pressekonferenz in Kiew betonte, dass die Parteien von Berlusconi und Salvini die Ukraine immer unterstützt hätten, stellte Berlusconi die Regierungschefin mit der Bemerkung bloß: »Ich wäre nicht nach Kiew gefahren«. Die römische *La Repubblica* kommentierte: »Meloni befindet sich allein im Griff der Alliierten« – die Koalitionspartner Matteo Salvini (Lega) und Expremier Silvio Berlusconi mit seiner Forza Italia (FI) »halten sich zurück«. Berlusconi, der reichste Kapitalist Italiens, sagt das nicht einfach so dahin. Dahinter stehen, auch von der Lega vertretene – ich komme darauf noch zurück – Kapitalkreise, die schwer von den von der EU verhängten Sanktionen getroffen wurden.[101]

Contropiano warnte, Meloni nicht zu unterschätzen. Denn sie verdecke ihr reaktionäres Weltbild (rechtsextreme, nationalistische, fremdenfeindliche und homophobe Positionen) gegenüber dem Ausland mit der Inszenierung als besonnene, verantwortungsbewusste Politikerin. Draghi habe mit seiner Nachfolgerin in spe einen »heimlichen Pakt« geschlossen, ihr als »Türöffner« in Europa zu helfen, wenn sie folgende drei Bedingungen akzeptiere: 1) Fortsetzung

100 »Römische Heuchelei«, in: junge Welt, 18.10.2022.

101 »Meloni kittet Risse. Ultrarechte Koalition Italiens zu Ukraine gespalten«, in: junge Welt, 25./26.2.2023.

der Unterstützung der Ukraine, 2) Verankerung in der NATO ohne Wenn und Aber, 3) kein Nachtragshaushalt, um die Schulden unter Kontrolle zu halten. Zwar trumpfte sie bei ihrem Debüt in Brüssel am 3./4. November auf : »Die Stimme Italiens in Europa wird stark sein«, hatte aber bereits, bevor sie in den Flieger stieg, noch vorhandene Vorbehalte gegenüber ihrer Regierung mit der Erklärung ausgeräumt: »Wir sind bereit, die großen Probleme anzugehen, angefangen bei der Energiekrise und gemeinsamen schnellen und wirksamen Lösungen, um Familien und Unternehmen zu unterstützen und der Spekulation Einhalt zu gebieten«.

Ihr Wahlsieg am 25. September wurde von Gleichgesinnten in Europa, die sich davon Auftrieb erhofften, gefeiert. Ungarns Ministerpräsident Viktor Orbán gratulierte Meloni auf Facebook zu einem »mehr als verdienten Sieg«. Der französische EU-Abgeordnete Jordan Bardella von Marine Le Pens Rassemblement National schrieb, dass die Italiener EU-Kommissionspräsidentin Ursula von der Leyen »eine Lektion« erteilt hätten. Die AfD-Bundestagsabgeordnete Beatrix von Storch schrieb »Wir jubeln mit Italien!«

»Wir respektieren die demokratische Entscheidung der italienischen Wähler und werden mit der neuen Regierung in Rom zusammenarbeiten. Europa muss einig bleiben, insbesondere angesichts des Krieges Russlands gegen die Ukraine, und hier hat Meloni klar ihre Unterstützung für das Vorgehen Europas zugesichert«, hatte die französische Ministerin für Europäische Angelegenheiten, Laurence Boone, in einem Interview mit *La Repubblica* formuliert. Als aber Laurence Boone anmahnte, »die Prinzipien des Rechtsstaates gelten für alle 27 Staaten der Union«, reagierte Meloni empört auf diese »Einmischung« Frankreichs und forderte von der französischen Regierung eine Rücknahme, die jedoch ausblieb.[102] In Österreich hielt dagegen die Wiener »Presse« am 6. Oktober 2022 fest: Mit »Giorgia Melonis Fratelli d'Italia gelangt erstmals eine rechtsradikale Partei an die Spitze eines wichtigen EU-Landes«, und be-

102 ANSA, 9.10.2022.

fürchtete, das Modell Meloni könne »einen Dominoeffekt auslösen«.

In ihrer Regierungserklärung am 25. Oktober hatte Meloni verkündet, »allen Italienern zu dienen«. Schon ein Blick auf ihre Regierungstruppe offenbart das als eine üble Heuchelei. Der von ihr zum Verteidigungsminister ernannte Guido Crosetto, der besser Rüstungs- oder Kriegsminister genannt werden sollte, belegt augenfällig, wem sie dient. Crosetto ist ein Schwergewicht des international gut vernetzten militärisch-industriellen Komplexes des Landes – seit 2014 als Berater des italienischen Rüstungs-, Luft- und Raumfahrtkonzerns Leonardo, der rund 50.000 direkte und 150.000 indirekte Mitarbeiter beschäftigt, davon die Mehrheit in Italien. Auf diesem Posten hat er maßgeblich das Global Combat Air Programm (GCAP, der Entwicklung und Bau des »Tempest«- Kampfflugzeugs der Zukunft, eines Überschalljägers der sechsten Generation, das den aktuellen Eurofighter Typhoon ersetzen soll, geleitet. Die Entwicklungsphase der neuen Kampfmaschine, an der Italien, Großbritannien, Deutschland und Spanien arbeiten, soll 2024 beginnen, 2035 soll sie einsatzbereit sein.[103]

2014 wurde Crosetto zudem Präsident des italienischen Luft- und Raumfahrt-, Verteidigungs- und Sicherheitsunternehmens AIAD. Mit Standorten in den USA, Großbritannien, Frankreich, Polen und Deutschland zählt der Konzern zu den größten Rüstungsunternehmen der Welt und stellt von Minen und Granaten, über Torpedos und Raketen bis zum Artilleriegeschoss oder zur Gewehrpatrone nahezu alles her, was zur Kriegsführung gebraucht wird. Die Nebeneinkünfte aus seinen Beratertätigkeiten beliefen sich 2021 auf 619.000 Euro, eine Summe, die sogar über dem Gehalt des Präsidenten des Unternehmens lag.[104]

2020 folgte noch die Übernahme der Präsidentschaft des italienischen Konzerns Orizzonte Sistemi Navali (OSN), der militärische

103 ANSA, 9.12.2022.

104 Domani, 27.10.2022.

Marineschiffe, insbesondere Korvetten, Fregatten und Flugzeugträger, entwirft und baut. Mit steigenden Militärausgaben habe Crosetto in den »Schützengräben der Kriegsindustrie« viel Geld verdient, so *Contropiano* am 26. Oktober. Denn in diese Unternehmen floss »jedes Jahr ein beträchtlicher Strom von Ressourcen aus dem Haushalt des Verteidigungsministeriums«. In diesem Ressort saß Crosetto selbst zunächst als Staatssekretär und dann als Minister Berlusconis von 2008 bis 2011. Ein Problem habe er darin gesehen, dass »noch zu wenige Waffen produziert werden«. Dem half nun Meloni mit ihrer vorbehaltlosen Unterstützung der Ukraine ab.

Seinen Weg begann der heute 60-Jährige zunächst als vielseitiger Unternehmer, der ihn bald nach Arcore in die Villa von Silvio Berlusconi führte, in dessen Forza Italia er zum Politiker avancierte. Nach Berlusconis Fall 2011 gehörte er mit Meloni und dem Mussolini-Bewunderer Ignazio La Russa zu den Begründern der FdI. Zu deren Wahlsieg trug er als »guter Riese« der »faschistischen Rechten« und »Königsmacher Melonis« entscheidend bei und gilt als einer der wenigen, denen sie blind vertraut, konstatierte *Contropiano*.

Ein lukratives Feld für Crosetto waren auch Waffenexporte, die er durch das Gesetz 185, das die staatliche Kontrolle über Waffenimporte und -exporte regelt, eingeschränkt sah. Von der Verteidigungskommission des Senats forderte er bereits, es aufzuheben, da über solche Fragen »die Regierung und nicht das Parlament zu entscheiden hat«. Jetzt, da er am entscheidenden Hebel der Macht sitzt, sieht die Zukunft jeder Rüstungsbeschränkung düster aus.

Mit Lega-Chef Matteo Salvini als Infrastrukturminister und einem ihrer Stellvertreter nahm Meloni einen Politiker in die Regierung auf, der sich in seiner Zeit als Innenminister 2018/19, um etwa eine halbe Million Asylsuchende aus Italien zu vertreiben, ausdrücklich zu Mussolinis »Rassen«-Dekret von 1938 bekannte, den »Begriff der Rasse« wieder einführen und einen »Sonderbeauftragten für Roma und Sinti« ernennen wollte. Salvini kehrte sofort zur Flüchtlingsabwehr zurück und erklärte: »Wir werden wieder ein Land sein, das seine Grenzen sichert.«[105]

Zur weiteren Bestückung ihres Kabinetts mit Hardlinern der faschistischen Bewegung stellte sie an seine Seite noch Galeazzo Bignami als Staatssekretär für Infrastruktur. Der Sohn eines Aktivisten der Nachfolgeorganisation der Mussolini-Partei MSI und ihr Gefährte in deren Jugendfront, zeigt sich öffentlich gern mit der Hakenkreuzbinde am Arm. Von Augusta Montaruli, die ins Forschungsministerium einzog, zirkulierten Fotos, die sie während einer Pilgerfahrt in Mussolinis Geburtsstadt Predappio zeigten, den Arm zum »römischen Gruß« erhoben.

Was ihre vorgebliche Distanzierung von dem von Mussolini ausgehenden Rassismus wert ist, verdeutlicht ihre Berufung des Legisten Roberto Calderoli zum Minister für Regionen. Dieser Rassist der übelsten Sorte, mehrmals Minister in Berlusconis Regierungen, hatte im Juli 2006 anlässlich des WM-Finales gegen die französische Mannschaft gehetzt, diese sei aus Negern, Muslimen und Kommunisten aufgestellt«[106] Ein paar Wochen später hatte er gefordert, Flüchtlingsboote »mit einer Salve vor den Bug und einer hinter das Boot« am Einlaufen in italienische Häfen zu hindern.[107] Zu den Forderungen von Homosexuellen nach Gleichstellung erklärte er, das bedeute »Arschfickern Privilegien« zu gewähren.[108] 2013 äußerte Calderoli, zu dieser Zeit Vizepräsident des Senats, die Integrationsministerin afrikanischer Abstammung in der PD-Regierung, Cécile Kyenge, habe »Ähnlichkeit mit einem Orang-Utan«.

Aufmerksamkeit erzeugte auch ein Facebook-Kommentar des neuen Staatssekretärs im Justizministerium, Andrea Delmastro Delle Vedove, ebenfalls ein Weggefährte Melonis in der MSI-

105 Ebd.

106 Der Spiegel, 11.7.2006.

107 ANSA«, 21.8.2006.

108 Corriere della Sera, 15.1.2006.

Jugendorganisation Gioventù, in dem dieser 2010 des belgischen Nazikollaborateurs und SS-Offiziers Léon Degrelle gedachte. Mit Claudio Durigon wurde im Arbeitsministerium ein Mann der rassistischen Lega Staatssekretär, der 2021 als Wirtschaftsstaatssekretär zurücktreten musste, nachdem er vorgeschlagen hatte, einen Park in der südlich von Rom gelegenen Stadt Latina zu Ehren des Bruders des »Duce«, Arnaldo Mussolini, zu benennen.

Welcher Faschist der übelsten Sorte der zum Senatspräsidenten aufgestiegene Ignazio La Russa, 2012 Mitbegründer ihrer Brüderpartei, ist, wurde bereits dargelegt.

Meloni hatte Wert darauf gelegt, ihre Vereidigung und damit Amtseinführung nicht in die Nähe des 28. Oktober, den Jahrestag von Mussolinis »March auf Rom«, zu legen. Somit fand sie dann eine Woche vorher am 22. Oktober statt. Sie hatte jedoch nichts dagegen, dass ihre Parteigänger am Jahrestag lautstark und öffentlichkeitswirksam das Ereignis begingen – ohne dass seitens der Ordnungskräfte eingeschritten worden wäre. In der Hauptstadt waren Tausende Plakate zum »Marsch auf Rom« zu sehen, darunter mit dem berühmten Bild von Benito Mussolini, dem »Duce«, mit seinen »Squadristi« (Schwarzhemden), darunter das Zitat: »Man muss sich Ziele setzen und den Mut haben, sie zu erreichen.« Ein Banner trug die Aufschrift »100 Jahre später – der Marsch geht weiter«. Die Stadtverwaltung des PD ordnete an, die faschistische Propaganda zu entfernen. Doch durch die Hauptstadt zogen Fackelzüge der Faschisten, darunter in die Gärten über der Piazza del Popolo im Zentrum und zum Campo Verano, dem größten Friedhof der Hauptstadt, auf dem zahlreiche Faschisten begraben liegen. In Predappio, versammelten sich vor der Krypta des Ehrenhains, in der Mussolinis Leichnam beigesetzt ist, rund 2.000 Faschisten – zu einer von Ordnungskräften gegen Proteste abgeschirmten Feier und zeigten auch hier den faschistischen Gruß.[109]

---

109 ANSA, 30. Oktober 2022.

2.
»Reuelose Faschisten«

Um ihr faschistisches Leitbild zu kaschieren, setzte Meloni die Mär in die Welt, ihr Lebensgefährte,[110] der Fernsehjournalist Andrea Giambruno, mit dem sie eine Tochter hat, sei ein »Linker«, mit dem jetzt »ein Roter« in Rom der erste »Primo Gentiluomo« (First Gentleman) werde. Als Gast in einer Fernsehsendung erklärte sie: »Mein Partner ist ein Linker. Wir streiten über Schwule, ethische Fragen, die Legalisierung weicher Drogen. Wir denken nicht auf dieselbe Weise«, aber sind ein »glückliches Paar«. Und in einem Interview mit dem Magazin *Sette* nannte sie ihn einen »fantastischen Vater«. Die Wahrheit ist, dass Giambruno Medienprofi und Autor mehrerer erfolgreicher Sendungen in dem *Mediaset*-Sender ihres Allianzpartners Berlusconi ist, der nun nicht gerade dafür bekannt ist, »Linke« zu beschäftigen.

Aber alle Maskeraden, kosmetische Tünche und Beteuerungen, »nie mit dem Faschismus sympathisiert« zu haben, konnten schon zwei Wochen nach ihrem Amtsantritt, nicht mehr darüber hinwegtäuschen, dass die Führerin der Brüder Italiens, wie die Chefredakteurin des *Manifesto*, Norma Rangeri, schrieb, eine Regierung »reueloser Faschisten« gebildet hatte. Schon die Vereidigung hatte den Charakter einer Schmierenkomödie. Nur drei Tage, nachdem Meloni und ihre Minister den Eid auf die Verfassung ablegten, startete sie in ihrer Regierungserklärung mit der Ankündigung, ein Präsidialregime zu errichten, den Angriff auf die Konstitution. Dabei wieder die heuchlerische Begründung, dazu sei ihrer Regierung von den Italienern »das Mandat« erteilt worden, damit sie fünf Jahre regieren könne. Darüber, dass es um die Beseitigung der Verfassung geht, konnte auch nicht hinwegtäuschen, dass Meloni die Opposition einlud, sich an einer Verfassungsreform zu beteiligen

110 Das ist übrigens ein weiteres konfus-widersprüchliches Charakteristikum im Leben Melonis. Während sie sich als katholische Christin bekennt, lebt sie faktisch in »wilder Ehe« und hat ein uneheliches Kind.

und der Leiter der kleinen Zentrumspartei Lebendiges Italien (IV), Matteo Renzi, sich dazu bereit erklärte.

Von ihrem prinzipienlosen Lavieren zeugt auch, dass sie sich in ihrer Antrittsrede bei ihrem Vorgänger, Mario Draghi, dafür bedankte, dass er sie in den letzten Wochen national und international bei einer schnellen und friedlichen Übergabe der Regierung unterstützt hatte. Ironischerweise erhielt diese Hilfe die einzige Partei, die in Opposition zu der Exekutive Draghis gestanden hatte.

In ihrer Regierungserklärung kündigte Meloni an, den Bootsflüchtlingen und den NGOs werde »ein härterer Wind entgegenblasen« und man wolle weitere Ankünfte von Bootsmigranten 2022 – bis 2. November waren es knapp 86.000 – verhindern »und den illegalen Menschenhandel im Mittelmeer zerbrechen«.

Dramatische Berichte und Bilder belegten Anfang November 2022, wie diese Ankündigung in die Tat umgesetzt werden soll. Die von Lega-Chef Salvini 2019 als Innenminister betriebene Weigerung, Rettungsschiffe mit Flüchtlingen an Bord in die Häfen des Landes einlaufen zu lassen, wurde unverzüglich wieder aufgenommen. Als Infrastrukturminister unterstanden ihm jetzt dazu die Häfen und die Küstenwache. Das seerechtswidrige Vorgehen erfolgte auf der Grundlage eines interministeriellen Dekrets, das von den Ministern Matteo Piantedosi (Inneres), Matteo Salvini (Infrastrukturen) und Guido Crosetto (Verteidigung) erlassen worden war und das Anlegen in den Häfen nur für den Zeitraum der Überprüfung einer unbedingt erforderlichen Aufnahme genehmigte. Der deutsche Kapitän, Joachim Ebeling, von der »Humanity 1« erklärte: »Als Kapitän bin ich gesetzlich verpflichtet, für die Sicherheit aller Personen an Bord zu sorgen. Die Schiffbrüchigen zurück auf See zu zwingen, wäre gefährlich« und er verstoße gegen verschiedene Gesetze, darunter auch gegen das in der Genfer Flüchtlingskonvention verankerte Prinzip des »Non-Refoulement«. Der Missionsleiter von Ärzte ohne Grenzen, Juan Matías Gil, verwies darauf, dass bei den ärztlichen Kontrollen weder Psychologen noch

Dolmetscher anwesend waren. Es keine »eindeutigen Kriterien« wer gefährdet und nicht gefährdet ist, gebe. Die Organisation »Sea Watch« bezeichnete das Vorgehen in ihrem Onlinedienst Twitter als »skandalös«. Eine Zurückweisung wäre ein »Verbrechen«. Auch Amnesty International forderte Italien auf, alle Menschen von Bord zu lassen.[111]

Als Begründung für die Zurückweisung von Flüchtlingen wurde die Legende neu aufgelegt, Italien müsse »alle aufnehmen«. Diese Mär erzählte Salvini bereits, als er Innenminister war. Die von der Asylagentur der Europäischen Union (EUAA) veröffentlichten Daten, zeigen die Realität. Danach war 2021 Deutschland das europäische Land, das mit 191.000 die höchste Anzahl von Geflüchteten aufgenommen hatte, fast ein Drittel der Gesamtzahl. Es folgten Frankreich (121.000) und Spanien (65.000) und Italien, das mit 53.000 erst an vierter Stelle lag.[112] Ähnlich war es in den Jahren davor. Inzwischen sind noch die Flüchtlinge aus der Ukraine dazugekommen, die vorwiegend von Polen, Tschechien, Ungarn, Rumänien und wieder Deutschland (mit fast einer Million). Auch die Beschwörung einer »Invasion« von Flüchtlingen durch die Rettungsaktionen der NGOs durch Lega-Chef Salvini war eine zweckdienliche Lügenpropaganda, die völlig die Tatsachen ignorierte. Denn die meisten Flüchtlinge kommen nicht übers Mittelmeer, sondern auf anderen Wegen nach Europa – und auch nach Italien. Und von den Flüchtlingen, die über die gefährliche Mittelmeerroute kommen, stellen jene, die Europa mit Schiffen humanitärer Organisationen erreichen, nur eine Minderheit dar.

Um klarzustellen, dass Kritik an dieser »Flüchtlingsabwehr« rigoros verfolgt wird, erhob Meloni am 15. November 2022 vor dem Gericht in Rom Klage gegen den neapolitanischen Schriftsteller Roberto Saviano – wegen Verleumdung ihrer Person. Saviano hatte, wie der Sender *RAI UNO* erinnerte, Meloni und den damaligen In-

111 »Italien macht dicht«, in: junge Welt, 8.11.2022.

112 EASO Asylum Report 2021, Valletta (Malta).

nenminister Salvini im November 2020 für den Tod eines sechs Monate alten Babys, das an Bord der NGO »Open Arms« starb, weil es keine rechtzeitige medizinische Versorgung erhielt, verantwortlich gemacht. In einer »Piazzapulita« genannten Fernsehdebatte über Fragen der Migranten und die Politik der Behandlung der Flüchtlinge in italienischen Häfen hatte er im Dezember 2020 Meloni als »Bastard« bezeichnet. Nach Melonis Wahlsieg wurde der Schriftsteller auf Twitter aufgefordert, aus Italien zu verschwinden. »Das ist das Italien, das uns erwartet«, antwortete er, das ist »eine erste schwarze Liste der Feinde des Vaterlandes«, die sie erstellt haben. In einem Interview für die Zeitung »La Stampa« bekräftigte er seine Kritik an der Regierung Meloni und erklärte, dass er sie und Salvini wieder »Bastarde« nennen würde, wie er es in der Sendung Piazzapulita getan habe.

Mit Roberto Saviano, Sohn eines katholischen Arztes und einer jüdischen Lehrerin, stand ein entschiedener Kämpfer gegen die Verbrechen der Mafia vor Gericht. Erstmals hatte er 2006 mit einer dokumentarischen Studie »Gomorra – Viaggio nell'impero economico e nel sogno di dominio della camorra« Aufmerksamkeit erregt. Der Titel spielte auf die sündhafte Stadt Gomorrha der Bibel und auf die wirtschaftskriminellen Familien der Camorra in Neapel an. Seine Recherchen dazu hatte er jahrelang verdeckt vorgenommen, unter anderem als Hafenarbeiter. Für das Buch erhielt er mehrere Auszeichnungen, darunter den Premio Viareggio, den prestigeträchtigsten Literaturpreis Italiens. Es wurde in mehr als 50 Sprachen übersetzt, weltweit wurden mehr als zehn Millionen Exemplare verkauft. Nach Erscheinen des Buches verfolgte die Camorra Saviano mit Todesdrohungen und das Innenministerium musste ihm Personenschutz stellen. Saviano ist Mitglied des Osservatorio sulla Camorra e l'Illegalità (Beobachtungsstelle der Camorra und der Illegalität), Autor der linken Tageszeitung *Il Manifesto* sowie der Wochenzeitschrift *L'Espresso* und des *Corriere della Sera*. Die Verfolgung Savianos im Jahr 2022 löste Proteste über Italien hinaus aus. Burhan Sonmez, Präsident von Pen International, forderte in einem von vielen Zeitungen veröffentlichten Appell Meloni auf, die Klage zurückzuziehen, was bis heute nicht erfolgt ist.[113]

Am 16. November 2022 wurden durch Medienberichte Verbindungen italienischer Faschisten in Kampanien (Süditalien) zu ukrainischen Nazis des Asow-Regiments bekannt. In einer »Anti-Terror-Operation« hatte die Abteilung für allgemeine Ermittlungen und Sonderoperationen der Carabinieri (DIGOS) zwischen Neapel, Caserta und Avellino eine Gruppe von Nazi-Fanatikern, die laut Ermittlungen der Justiz »Anschläge in unserem Land planten«, verhaftet. Insgesamt wurden nach einer langen Phase der »Überwachung« von Facebook-Profilen und anderen von den Beteiligten verwendeten Social-Media-Accounts über 30 Durchsuchungen in rechtsextremen Kreisen durchgeführt. Es wurde bekannt, dass unter Leitung eines Ausbilders des ukrainischen Nazi-Bataillons Asow, Anton Radomski, u. a. ein Überfall auf die Carabinieri-Kaserne in Marigliano bei Neapel geplant war und in Italien ansässige ukrainische Neonazis einen »Anschlag« auf das Einkaufszentrum »Volcano Buono« in Neapel durchführen wollten. Besagter Radomski war identifiziert worden, ist aber derzeit nicht auffindbar, da er wohl »an die Kriegsfront in der Ukraine« zurückgekehrt ist. Die Ermittlungen erbrachten – so die Staatsanwaltschaft – dass ein ukrainischer Staatsbürger verwickelt ist. Unter den Verhafteten befanden sich vier Gründer nazistischer Vereinigungen wie einer »Ordine di Hagal«, die »Sympathisanten ukrainischer neofaschistischer Organisationen« waren. Diese Vereinigung hatte sich auch an der No-Vax-Propaganda beteiligt, die während der Wahlkampagne von den Fratelli Melonis und der Lega Salvinis unterstützt wurden.[114]

Das investigative *The Grayzone*-Magazin berichtete, dass Mitglieder des Hagal-Ordens »direkte und häufige« Kontakte über Telegram nicht nur mit dem Asow-Regiment, sondern auch mit den neonazistischen ukrainischen Militärformationen Right Sector und

113 »Beleidigte Premierministerin«, in: junge Welt, 16.11.2022.

114 Online-Portal des Magazins *Contropiano*, 16.11.2022.

Centuria unterhielten, was »wahrscheinlich im Hinblick auf eine mögliche Rekrutierung in deren Kampfgruppen« geschehen sei. Zu den Verhafteten gehörte der Gründer der Ordine di Hagal, Maurizio Ammendola, der Vizepräsident und Manager der Vereinigung war, und ein Giampiero Testa aus Marigliano, dem Standort der Kaserne, die überfallen werden sollte. Er wollte, wie er bekannte, in der Kaserne »ein Massaker wie das in Neuseeland« begehen. In Christchurch wurden 2019 51 Menschen in einer Moschee durch einen Rechtsterroristen ermordet.

Die Untersuchungen ergaben, dass die Verdächtigen die »weiße Macht«, den »Hass gegen Einwanderer, und alles, was typisch für die rassistische Rechte ist«, verfolgten. Sie identifizierten sich mit der »vorbehaltlosen Unterstützung« der Ukraine durch die Regierung, der Finanzierung und Waffen, was zum Faktor einer gewaltsamen Radikalisierung des Neofaschismus in diesem Land führte, so *Contropiano*.

Zufall oder nicht, fast zeitgleich mit den Enthüllungen über die mit ukrainischen Komplizen geplanten Terroranschläge eröffnete Melonis Partei Brüder Italiens in Brescia einen Pino Rauti gewidmeten Klub. Rauti, der Schwarz-Hemden-Faschist aus der Salò-Republik Mussolinis und Chef der Terrorbanden des 1946 gegründeten MSI hatte 1956 die bereits erwähnte Ordine Nuovo (Neue Ordnung) gegründet, die den Wahlspruch der deutschen SS »Unsere Ehre heißt Treue« übernahm und als ihr Symbol eine Doppelaxt auf rotem Grund im weißen Kreis wählte, das später durch das keltische Kreuz ersetzt wurde. In Brescia war am 28. Mai 1974 auf eine antifaschistische Kundgebung ein Anschlag verübt worden, bei dem sieben Menschen getötet und über 100 verletzt wurden. Für das Attentat wurde Rautis Ordine Nuovo verantwortlich gemacht, die Täter aber wurden nie gerichtlich zur Verantwortung gezogen.[115]

Was von Melonis Beteuerungen, für »demokratische Rechte und Freiheiten« einzutreten, zu halten ist, zeigt eines ihrer ersten Ver-

---

115 La Repubblica, 21.6.2017.

botsdekrete, das gegen Rave-Partys, mit dem sie, wie *Manifesto* kommentierte, »ihren ersten Kreuzzug« eröffnet und sich damit »dem ersten wahren Identitätskitt ihrer Regierung« näherte. Am 30. Dezember beschloss ihre Mehrheit in der Abgeordnetenkammer das Dekret, das künftig unter Androhung von hohen Haft- und Geldstrafen Rave-Partys oder andere Musikevents ohne Genehmigung verbietet. Parlamentarier des PD und M5S hatten in der Debatte mit Hinweisen auf die Verfassungsfeindlichkeit vergeblich versucht, die Annahme zu verhindern. Das Dekret wurde angenommen, obwohl die Prüfung der Zulässigkeit noch nicht abgeschlossen war, was als »parlamentarische Guillotine« bezeichnet wird. Staatspräsident Mattarella machte von seinem Recht des Einspruchs keinen Gebrauch und bestätigte das Dekret als Gesetz.[116] Ein weiteres Dekret betraf die Aufhebung der Impfpflicht für Ärzte und Pfleger. Damit beendete sie die Anti-Covid-Maßnahmen, die vielen als vorbildlich und im europäischen Vergleich sehr konsequent galten.

In einer Parlamentsdebatte unterlief Meloni ein »faux pas«, der mehr als alles andere ihren abgrundtiefen Rassismus verdeutlicht. Als sie auf einen Redebeitrag des von der Elfenbeinküste stammenden Abgeordneten Aboubakar Soumahoro von den Grünen, eines bekannten Vertreters der Landarbeitergewerkschaft, reagierte, sprach sie erst dessen Namen falsch aus, um ihn dann bei ihrer Entschuldigung mit »du« anzusprechen. Als daraufhin von den Oppositionsbänken Proteste kamen, verstand sie erst den Grund nicht. Dann fiel bei ihr der Groschen und sie sagte: »Ach so, jetzt verstehe ich, es geht um das ›du‹! Ja, ja, ein Fehler von mir, kann jedem passieren!«. Nie und nimmer wäre es ihr »passiert«, andere Abgeordnete – ob aus ihrer Koalition oder von der Opposition – in einer parlamentarischen Debatte mit »du« anzusprechen (im Protokoll ist das »Sie« vorgeschrieben). Aber bei dem schwarzen Soumahoro geht ihr das »du« leicht über die Lippen, kommentierte *Manifesto* am 25. Oktober den »faux pas«.

116 ANSA, 30.12.2022.

Sozialer Crash-Kurs und einsetzende Repression im Inneren hinderten Meloni nicht daran, auf EU- und internationaler Ebene weiter zu lavieren und zu relativieren. Bei ihrem erstem Auftritt auf internationalem Parkett, dem G 20-Gipfel in Bali, stimmte sie dem Abschlussdokument zu. Zu großer Form lief sie dann bei der Pressekonferenz auf: Zum Raketenvorfall in Polen erklärte sie: »Unserer Meinung nach ist für das, was in Polen passiert ist, ausschließlich Russland verantwortlich«.[117]

Danach traf sie sich mit Präsident Xi (der die Erklärung nicht unterschrieb). Im Wahlkampf hatte Meloni vor dem wachsenden Einfluss Pekings auf die Politik in Europa gewarnt, zeigte sich als eine entschiedene Unterstützerin eines »freien Taiwans« und strikte Gegnerin des »Belt and Road«-Projekts (Neue Seidenstraße). Davon war bei ihrer Begegnung mit dem Ersten Mann Pekings nichts mehr zu hören. Laut chinesischen Quellen, so *ANSA*, fand das einstündige Gespräch in einer »sehr herzlichen« Atmosphäre statt. Die chinesische Seite habe eine hochkarätige Delegation mit dem Außenpolitikexperten Wang Yi und dem Gouverneur der Zentralbank (Pboc) Yi Gang aufgestellt. Es sei »die Notwendigkeit der Zusammenarbeit für die effektive Bewältigung der schwerwiegendsten und dringendsten globalen und regionalen Herausforderungen anerkannt worden« Zur Ukraine »waren sich beide Seiten einig, dass jede diplomatische Initiative gefördert werden muss, um den Konflikt zu beenden und eine Eskalation zu vermeiden«, verlautete aus dem Palazzo Chigi. »Meloni bekundete das Interesse der italienischen Regierung an der Förderung der gegenseitigen wirtschaftlichen Interessen, auch im Hinblick auf die Steigerung der italienischen Exporte nach China«. Am Ende des Treffens »wurde eine Einladung Präsident Xis an die Premierministerin zu einem Besuch in China ausgesprochen, die Meloni annahm«.[118]

117 Am 15.11.2022 schlug eine Rakete auf polnischem Gebiet ein. Schnell stellte sich heraus, dass diese von ukrainischen Truppen abgefeuert worden war.

118 ANSA, 17.11.2022.

3.
Wie konnte es erneut geschehen?

In den Übergangs- und Schlussbestimmungen der Italienischen Verfassung heißt es unter Absatz XII unverändert: »Die Reorganisation, in welcher Form auch immer, der aufgelösten faschistischen Partei ist verboten«. Darunter fällt das 1946 als Nachfolger der verbotenen Mussolini-Partei wieder gegründete Movimento Sociale Italiano (MSI), das sich 1994/95 in Alleanza Nazionale umbenannte. Mit deren Mitgliedern, so u. a. ihrem jetzigen Verteidigungsminister, Guido Crosetto, bildete Giorgia Meloni 2012 die Fratelli d'Italia.

Wenn die Frage lautet, wie es erneut, also 2022, unter Meloni geschehen konnte, dann ist die erste Antwort darauf: Weil es seit 1946 so hingenommen wurde. Ein entschiedener Widerstand gegen die Re-Legitimierung des Faschismus wurde nicht geleistet. Der Einzug der bereits im August 1945 gegründeten und von der US-Besatzungsmacht zugelassenen faschistischen Uòmo Qualunque, aus der im Dezember 1946 das MSI hervorging, mit 5,3 % in die Verfassunggebende Versammlung am 2. Juni 1946 galt als deren Legitimierung als einer demokratisch gewählten Partei. Unter Ministerpräsident De Gasperi (DC) ratifizierte Italien am 7. Februar 1947 den Friedensvertrag mit den Alliierten, in dem die USA mit der Weigerung faschistische Parteien zu verbieten, die Existenz des MSI anerkannt und abgesichert hatten. Am 22. Dezember 1947 nahm die Verfassunggebende Versammlung die Costituzione an, in der das erwähnte Verbot festgeschrieben wurde, während die faschistische Partei bereits wieder gegründet worden war. Das war gelinde gesagt, eine Täuschung der Öffentlichkeit über die bestehende faschistische Gefahr. Dass die IKP dieses Paradoxon mittrug, lässt nur den Schluss zu, dass sie die faschistische Gefahr unterschätzte und sich als Gegenpol, der diese zügeln könne, überschätzte.

Ein weiterer, kaum beachteter Gesichtspunkt ist: Am Sturz Mussolinis am 25./26. Juli 1943 nahmen sowohl führende Militärs des »Duce« als auch einige führende Faschisten wie Dino Grande teil.

Die militärische Leitung dieser Palastrevolte hatte Marschall Pietro Badoglio, der 1942 gegen den Kriegseintritt Italiens an der Seite Hitlerdeutschlands gewesen und als Generalstabschef zurückgetreten war. Bis Juni 1944 war er Ministerpräsident der von König Vittorio Emanuele nach dem Sturz Mussolinis eingesetzten Militärregierung, die mit der faschistischen Achse mit Berlin brach und im Oktober 1943 mit der Kriegserklärung an Hitlerdeutschland der Antihitlerkoalition beitrat. Badoglio hatte vorher aber schon als Befehlshaber der Kolonialarmee in der Kyrenaika und dann beim Überfall 1935/36 auf Äthiopien, bei dem er auf Befehl Mussolinis das Giftgas Yperit einsetzte, Kriegsverbrechen begangen.

Der Übertritt Italiens auf die Seite der Antihitlerkoalition unter Badoglio hatte zur Folge, dass es eine grundsätzliche Auseinandersetzung über den Faschismus unter Mussolini nicht gab. Der bereits erwähnte Friedensvertrag hatte auch festgehalten, dass »demokratische Elemente des italienischen Volkes das faschistische Regime in Italien am 25. Juli 1943 gestürzt« hatten und das Land nach seiner bedingungslosen Kapitulation am 3. und 9. September 1943 einen Waffenstillstand unterzeichnet hatte. Auch wurde hervorgehoben, dass »italienische Streitkräfte sowohl der Regierung als auch der Widerstandsbewegung aktiv am Krieg gegen Deutschland teilnahmen und Italien am 13. Oktober 1943 Deutschland den Krieg erklärt und dadurch zum Mit-Kriegführenden (cobelligerent) gegenüber Deutschland wurde«. Das führte u. a. dazu, dass vor italienischen Gerichten nach 1945 begonnene Prozesse gegen Mussolini-Faschisten mit der Auflösung des »Hohen Kommissariats zur Verfolgung der Regime-Verbrecher« durch die US-Besatzungsmacht beendet und weitere unterbunden wurden. Die meisten angeklagten Faschisten wurden freigesprochen bzw. die Urteile aufgehoben oder die Betroffenen amnestiert. Dazu erließ die Regierung unter De Gasperi (DC) auf Betreiben der USA eine sogenannte Amnestie der »nationalen Versöhnung«, der der IKP-Vorsitzende Togliatti als Justizminister zustimmte. Er hatte gehofft, schrieb ISP-Generalsekretär Pietro Nenni, »zehn, zwanzig Jahre der Zusammenarbeit mit der Democrazia Cristiana zu retten«[119] und mit ihr die 1944 im Kampf gegen das Besatzungsregime Hitlerdeutschlands gebildete Regierung fortsetzen zu können. De Gasperi beugte sich jedoch dem Druck der USA und vertrieb Kommunisten und Sozialisten im Mai 1947 aus der Regierung. In der Parlamentsdebatte dazu gab er offen zu verstehen, dass er sich dem Druck aus Washington gebeugt hatte, indem er von einer »vierten Partei« sprach, die »die Kreditsabotage und Kapitalflucht, die Preissteigerungen und die Skandalkampagnen organisiert« und man »Italien heute nicht regieren kann, ohne die Repräsentanten dieser vierten Partei, die über das Geld und die ökonomische Macht verfügt, in die Regierung mit einzubeziehen«.[120]

Nach wachsenden antifaschistischen Protesten gegen das verfassungsfeindliche Wirken des MSI und seiner Terrororganisationen wurde 1952 ein Gesetz (Legge Scelba)[121] verabschiedet, nach dem das MSI und seine paramilitärischen Organisationen gemäß der Verfassung aufgelöst werden sollten. Von Absatz XII der Übergangs- und Schlussbestimmung der Verfassung ausgehend legte Artikel 1 des Gesetzes weiter fest, dass »wenn eine Vereinigung, eine Bewegung oder (…) eine Gruppe von mindestens fünf Personen antidemokratische Ziele verfolgt, die für die faschistische Partei typisch sind, Gewalt als Mittel des politischen Kampfes verherrlicht, androht oder anwendet oder die Unterdrückung der Freiheiten befürwortet, die durch die Verfassung garantiert sind, oder die Demokratie, ihre Institutionen und die Werte des Widerstands verunglimpft oder rassistische Propaganda betreibt oder ihre Tätigkeit auf die Verherrlichung von Exponenten, Prinzipien, Taten und Methoden der oben genannten Partei ausrichtet oder externe Demonstrationen faschistischer Natur durchführt«, diese strafrechtlich zu verfolgen sind. In Bezug auf Kunst und Kultur präzisierte Artikel 4, dass die vorgese-

119 Pietro Nenni: Tempo di Guerra fredda. Diari 1943-1956, Mailand 1981, S. 349.

120 Zitiert in: Sophie G. Alf, a. a. O., S. 84 f.

121 Benannt nach dem Innenminister Mario Scelba (DC).

henen Strafen sich auf diese erstrecken, wenn jemand »öffentlich die Exponenten, Prinzipien, Tatsachen oder Methoden des Faschismus oder die antidemokratischen Ziele der faschistischen Partei verherrlicht«.[122]

Da das Gesetz nie gegen das MSI angewendet wurde, diente es der faschistischen Partei als ein weiterer »Beweis«, dass sie eine verfassungsmäßige Partei sei, die keinen Anlass böte, das Scelba-Gesetz anzuwenden. Gleichzeitig diente die Nichtanwendung dazu, das Paktieren der bürgerlichen Rechten mit der DC an der Spitze mit den Faschisten zu kaschieren. Zur Verdeutlichung sei daran erinnert, dass es gegen die 1977 auf dem MSI-Parteitag offen erhobenen Forderungen, mit einer »chilenischen Lösung« für Italien die verfassungsmäßige Ordnung zu stürzen und dazu den Bürgerkrieg zu entfesseln, keinerlei Ambitionen seitens der Justizorgane gab, das Legge Scelba anzuwenden.

Vor allem konnte die Mussolini-Nachfolgepartei, ungehindert durch das Legge Scelba, in den Parlamenten der Regionen und Provinzen sowie in Städten und Gemeinden vor allem im Mezzogiorno weiter Fuß fassen. Ihre Wahlergebnisse wuchsen 1972 in vier Regionen auf 15 % und mehr an. In 47 von insgesamt 100 Provinzhauptstädten war das MSI in den Parlamenten mit Ergebnissen zwischen 10 und 35 % vertreten. In den Regionen Kampanien, Apulien, Sizilien und Sardinien regierte die DC mehrere Legislaturperioden mit den Faschisten oder erhielt deren parlamentarische Unterstützung. In fast allen Provinzstädten sowie in 1.500 Städten und Gemeinden war das MSI mit etwa 40.000 Ratsmitgliedern vertreten. In über 100 Städten und Gemeinden stellte es die Bürgermeister, in zahlreichen weiteren wurden die Stadtoberhäupter mit seinen Stimmen gewählt.[123]

Das Legge Scelba ist noch heute gültig und es ist eigentlich unvorstellbar, dass es angesichts der Bekundungen zum Erbe des

122 »Gazetta Ufficiale«, Rom, 23.6.1952, Nr. 143.

123 Giorni, S. 678 ff.

Mussolini-Faschismus bis zu dessen Verherrlichung seitens der Lega und der FdI, eingeschlossen Minister in der Regierung Meloni, nicht angewendet wurde bzw. wird. Minister wie Matteo Salvini oder Senatspräsident La Russa müssten statt in ihren Amtssesseln auf der Anklagebank sitzen. Ex-Premier Draghi müsste sich wegen Strafvereitelung im Amt verantworten, weil er 2021 der Forderung, u. a. der CGIL, nicht nachkam, entsprechend dem Legge Scelba die faschistische Forza Nuova per Dekret, wozu er laut Gesetzt befugt ist, zu verbieten. Schlägertrupps der Forza Nuova hatten am 13. Oktober 2021 die Zentrale der Gewerkschaft CGIL in Rom überfallen und schwer verwüstet. Mit den einschreitenden Polizeikräften kam es zu Straßenkämpfen, bei denen 38 Polizisten verletzt wurden.[124] CGIL-Generalsekretär Maurizio Landini forderte daraufhin, »alle diese Formationen, die sich auf den Faschismus beziehen, müssen aufgelöst werden«. Der Partisanenverband ANPI verlangte das ebenfalls. Parlamentarier des PD, des M5S und der Linkspartei Freie und Gleiche (LeU) brachten im Parlament einen entsprechenden Antrag ein. Premier Draghi, der laut Verfassung das Recht hatte, den Verbotsprozess per Dekret einzuleiten, unternahm nichts dergleichen. Während er bei einem Besuch in der CGIL-Zentrale »Solidarität« mit den von den Faschisten attackierten Gewerkschaftern heuchelte, empfing er kurze Zeit später Lega-Chef Matteo Salvini im Regierungssitz Palazzo Chigi zu einem einstündigen Gespräch und nahm dessen Forderung, »die Delegitimierung von Mitterechts zu stoppen« ohne sichtbaren Widerspruch entgegen. Der Anführer der Lega verlangte weiter, »so schnell wie möglich zwischen den politischen Kräften ein Klima der Einheit und Harmonie im Land« herzustellen. Danach hieß es, der Verbotsantrag werde nicht sofort erörtert. Innenministerin Luciana Lamorgese sollte erst darlegen, ob die Aktion der Forza Nuova (mit 38 verletzten Polizisten) »besonders gefährlich« gewesen sei. Laut der staatlichen Nachrichtenagentur *ANSA* wartete der Premier ferner die Ergebnisse »einer

124 ANSA, 15./16.12.2021.

juristischen Studie« ab, die »die Möglichkeit der Auflösung der Gewalt anwendenden Formationen wie Forza Nuova« klären sollte. Die Angelegenheit verläuft seitdem, wie üblich, im Sande.[125]

Zur Beruhigung wurde in der Öffentlichkeit in den 1970er Jahren noch ein Rest von antifaschistischem Konsens aufgeführt. Im Parlament einigten sich die bürgerlichen Parteien mit den Kommunisten und Sozialisten stillschweigend darauf, das MSI auf zentraler Ebene an keiner Regierung zu beteiligen. Es wurde vom Arco Costituzionale, der Parteien des Verfassungsbogens, gesprochen, von dem das MSI ausgeschlossen blieb. Als Ausdruck ihrer Übereinstimmung wurde danach am 8. Juli 1978 der Sozialist Sandro Pertini erstmals mit den Stimmen aller Parteien des Verfassungsbogens zum Präsidenten gewählt.[126] Es war ein brüchiger Konsens, der ein weiteres Mal dazu diente, die Gefahr des Faschismus zu verdecken. Kein Repräsentant der bürgerlichen Parteien unternahm etwas, als Berlusconi 1994 das MSI in seine Regierung aufnahm. Staatspräsident Oscar Luigi Scalfaro, der laut der Verfassung die Aufnahme des MSI/AN in die Regierung hätte ablehnen müssen, unternahm nicht nur nichts dergleichen, sondern stimmte sogar der Aufnahme von drei Ministern, die Mitglieder der aufgelösten faschistischen Putschloge P2 gewesen waren,[127] zu. Er hatte auch nichts dagegen einzuwenden, dass der Postminister und Vizepremier, Giuseppe Tartarella, zum 50. Todestag von Giovanni Gentile, Begründer der »Philosophie des Faschismus« Mussolinis und Verfasser der »Doktrin des Faschismus«, die den Weg zum »Rassenmanifest« des »Duce« von 1938 bereitete, eine Sonderbriefmarke herausgab. Lediglich die Berufung des früheren SS-Offiziers in der RSI, Mirko Tremaglia, der die Wiedereingliederung Istriens, Dalmatiens und der Hafenstadt Fiume in den italienischen Staat forderte, lehnte er nach starken Protesten, die

125 »Kein Sägen am Ast. Nach Angriff von Faschisten: Italiens Premier Draghi verschleppt Auflösung von Forza Nuova«, in: junge Welt, 15.10.2021.

126 Giorni, S. 702.

127 Sergio Flamigni, a. a. O., S. 389 ff.

es zu dieser Zeit durchaus in Brüssel und auf internationaler Ebene gab, ab. Tremaglia erhielt daraufhin den Vorsitz des außenpolitischen Ausschusses in der Abgeordnetenkammer. Es waren noch einige Jahre ins Land gegangen, bis Staatspräsident Carlo Azeglio Ciampi dann 2001 nichts mehr dagegen hatte, dass Tremaglia zusammen mit weiteren Faschisten mit Wurzeln im MSI in Berlusconis Regierung aufgenommen wurde.

Die entscheidende Brandmauer gegen die faschistische Gefahr war im Dezember 1990 mit der mehrheitlichen Umwandlung der IKP in die sozialdemokratische Linkspartei PDS gefallen. Sie war das Werk derjenigen, die nach dem Tod Enrico Berlinguers im Juni 1984 die Führung der Partei an sich gebracht hatten.

Und zur Frage, wie konnte es erneut geschehen, dass Faschisten, wie jetzt mit Meloni, wieder an die Macht kommen konnten, ist es so, dass die neuen Sozialdemokraten ihr gerüttelt Maß dazu beigetragen haben. Das Hofieren der AN-Faschisten durch Vertreter der PDS/ DS-Führung[128] verstärkte in verhängnisvoller Weise das Anwachsen der rechtsextremen Kräfte: Als das MSI sich im Januar 1995 offiziell in Alleanza Nazionale (AN) umtaufte, nahm an dem Kongress eine Delegation des PDS teil, der mit Ugo Pecchioli, einst Kommandant der 77. Garibaldi-Brigade, einer der angesehensten Partisanenkommandeure angehörte. Gegenseitiger Delegationsaustausch wurde seither zur gängigen Praxis von Partei-Beziehungen zwischen Linksdemokraten und AN-Faschisten. Über die auch von der AN geforderte sogenannte Verfassungsreform, die einer Präsidialherrschaft den Weg ebnen sollte, führte die Linkspartei mit der AN Konsultationen. 1997 nahm der Linksdemokrat und damalige Präsident der Abgeordnetenkammer, Luciano Violante, an einem Volksfest der AN teil und zollte in einer Geschichtsdebatte denjenigen, die von 1943 bis 1945 in der RSI an der Seite Hitlerdeutschlands standen, seinen »Respekt«. Wiederholt mit stürmischem Beifall be-

128 Um sich weiter nach Links abzugrenzen, nannte sich der PDS 2000 in Democratici di sinistra (DS) um.

lohnt, sprach der hochrangige PDS-Parlamentarier sich ganz im Sinne der von AN-Chef Gianfranco Fini erhobenen Forderungen für eine Gleichbehandlung von Faschismus und Antifaschismus und dafür aus, »das Kapitel des Faschismus abzuschließen«, um ein »einheitliches Geschichtsbild« zu gestalten.[129] Der Rechtswissenschaftler Mario Losano, belehrte Violante, dass Fini und seine Gefolgsleute in der AN Faschisten geblieben sind. »Die Orientierung an der faschistischen Ideologie ist, wenn auch mit verbalen Abschwächungen, de facto eine Konstante dieser Partei geblieben«.[130] Antonio Tabucchi bemerkte, die Salò-Faschisten »waren Kollaborateure der Nazis. Sie töteten und sie folterten. (…) Wer behauptet, die ›Jungs von Salò‹ hätten immerhin für die Ehre des Vaterlandes gekämpft, der lügt. Dem muss man widersprechen.«[131]

Mit der Bezeichnung »Centro Destra« (Rechtes Zentrum) verharmlosten die Linksdemokraten, wie übrigens auch der PRC (Partito della Rifondazione Comunista), die von der Forza-Partei Berlusconis angeführte Rechtsaußen-Koalition. »Centro Destra« waren zur Zeit der DC-Herrschaft die von ihr mit Liberalen und Sozialdemokraten gebildeten Regierungen genannt worden. Im Gegensatz dazu als »Centro Sinistra« (Linkes Zentrum) die Regierungen aus Sozialisten und Republikanern. Diese Verharmlosung setzt sich bis heute mit der Benennung der faschistischen Koalition aus Forza Italia, Lega und den aus MSI/AN hervorgegangenen Brüdern Italiens (FdI) als »Centro Destra« fort.

Der PRC trat 2008 zu den Wahlen mit den Verdi (Grünen) und weiteren Linken in einer Arco Baleno (Regenbogen) genannten Koalition an und verzichtete darin auf das Zeigen seines Parteisymbols, der Roten Fahne mit Hammer und Sichel. PRC-Sekretär Fausto Bertinottis Ziel war, das Bündnis in eine Linkspartei ähnlich

129 Liberazione, 25.6.1997.

130 Losano: Sonne in der Tasche, München 1995, S. 92.

131 Tabucchi, in: Susanne Schüssler: Berlusconis Italien. Italien gegen Berlusconi, Berlin 2003, S. 11.

der Europäischen Linken zu verwandeln, in der der PRC aufgehen sollte. Das Vorhaben, mit dem Bertinotti auf die Gründung des PD reagierte, die Existenz der KP aufzugeben, stieß auf starke Proteste an der Parteibasis und vertiefte die Spaltung der kommunistischen Bewegung. Diese hatte bereits 2006 dazu geführt, dass die von Marco Ferrando geführte Strömung aus Protest gegen den Eintritt des PRC in die bürgerliche Mitte-links-Regierung von Romano Prodi die Partei verlassen und eine Kommunistische Arbeiterpartei (PCL) gegründet hatte (siehe Anhang). Der PCL trat zu den Wahlen 2008 allein an und erreichte 0,5 % Stimmen. Auch eine weitere Strömung, »Kritische Linke« im PRC, lehnte den Arco Baleno ab, trat allein an und kam auf 0,4 % Stimmen. Wahlanalysen ergaben, dass neben den Stimmen von Wählern, die nicht zur Wahl gingen, diese zusammen 0,9 % der Regenbogenlinken fehlten und diese so mit 3,1 % unter die 4 % Sperrklausel fiel, Kommunisten, Restsozialisten, weitere Linke und Verdi waren nicht mehr im Parlament vertreten. Es war eine weitere Schwächung der Linken, die den Vormarsch der Rechten begünstigte.

Hinzu kam 2007 der Zusammenschluss der Democratici di Sinistra mit der katholischen Zentrumspartei Margherita zum Partito Democratico (PD). Mit der Absage an letzte sozialistische bzw. sozialdemokratische Traditionen wurde der Abschied von der Arbeiterklasse verfolgt, besiegelt wurde das mit dem klaren Bekenntnis zur Interessenvertretung der Herrschaft des Kapitals und der Unterordnung der Arbeiter unter dieselbe (siehe Anhang zum PD). Dieser PD mit einem noch immer beträchtlichen, wenn auch schwindenden Wähleranteil von Arbeitern, wird zwischen 2013 und 2022, seine Regierungen eingeschlossen, mit einer kurzen Unterbrechung von Politikern mit christdemokratischer Herkunft – Enrico Letta, Matteo Renzi, dann wieder Letta – geführt. Renzi (2014-2018 Regierungschef) betrieb eine offene Kollaboration mit Berlusconis Forza Italia und wollte nach einem Wahlsieg mit ihm eine Regierung bilden. 2008 managte er die Wahl Giorgio Napolitanos (PD) mit den Stimmen der Forza-Partei zum Staatspräsidenten. Als Leiter der vom PD abgespaltenen Partei Lebendiges Italien (IV) hat er Giorgia Meloni bereits angeboten, sie bei ihrem Verfassungsbruch zur Errichtung eines Präsidialregimes zu unterstützen.

Mit dem Eintritt Lettas in die Regierung der »nationalen Einheit« Draghis mit der FI und der Lega (2021) wurde selbst das mit der PD-Gründung 2007 verfolgte Ziel, eine starke, auf das Zentrum ausgerichtete Partei zu bilden, aufgegeben. Gleichzeitig wurde damit der führenden Kraft der faschistischen Rechten in Gestalt der aus dem MSI/AN hervorgegangenen Fratelli d'Italia indirekt Legitimität verliehen. Als größte Oppositionspartei hatte sie Möglichkeiten, in der Verfassung festgelegte Bestimmungen – so zur Ablehnung von Ministern, die sich zum Erbe Mussolinis bekennen – durch den Staatspräsidenten unterlaufen.

Diese Haltung widerspiegelte sich dann geradezu zwangsläufig darin, wie der PD sich in der Wahlkampagne zum 25. September 2022 gegen die von Meloni angeführte faschistische Allianz positionierte. Nachdem diese ihre nicht unerheblichen Meinungsverschiedenheiten hintanstellte und gemeinsam antrat, konnte eine Binsenweisheit nur darin bestehen, dass ein Wahlsieg Melonis – der zwischen 24 bis 26 % Stimmen und ihrer Koalition um die 44 % vorausgesagt wurden – nur durch eine vereint antretende Allianz von Links bis zur Mitte verhindert werden konnte. Basis dafür musste ein Bündnis der beiden Hauptkräfte – PD und der Fünf-Sterne-Bewegung M5S – sein, das Letta jedoch ablehnte, womit Melonis Sieg der Weg bereitet wurde. Obendrein blieb der PD, Calendas Dritter Pol ohnehin, in der Defensive. Eine Aufdeckung der von Meloni angekündigten Wiederholung der »Identität, der Ziele von Mitterechts«, bei denen es um das Präsidialregime ging, gab es nicht. Letta warnte zwar anfangs, bei der Wahl gehe es »um die Verteidigung der Verfassung oder um ihren Sturz«, aber das blieb ein Strohfeuer. Einer Auseinandersetzung über Melonis Bekenntnis zum Erbe des Mussolini-Faschismus oder die von ihr befürwortete Flüchtlingsabwehr durch die italienische Küstenwache ging der PD-Frontmann ebenso aus dem Weg. Auf die Ankündigung Draghis, er werde einer kommenden Regierung »jeglicher Couleur« – was auch ein Kabinett unter der Führung Melonis einschloss – »zur Verfügung stehen«, reagierte Letta hilflos. Alles, was er dazu zu sagen hatte, war: Das werde »die Demokratie unseres Landes angreifen«. Zwar rückte er danach stillschweigend von seinen Bekenntnissen zu Draghis Kürzungskurs ab, hielt aber an der Unterstützung der Ukraine mit Waffen fest. Der PD-Chef verstand es auch nicht, die in der formal einheitlich auftretenden faschistischen Koalition bestehenden Meinungsverschiedenheiten aufzugreifen. So Melonis Festhalten an der von Draghi verfolgten Hilfe für Kiew, während Berlusconi und Salvini auf Distanz gingen. Obendrein verprellte Letta mit dem Slogan »Wer nicht PD wählt, wählt die Rechten« relevante mögliche Bündnispartner.

Selbst PCI-Nationalsekretär Mauro Alboresi pauschalisierte »die Rechte« und zeigte mit keinem Wort ihre faschistische Komponente vor allem in Gestalt der FdI Melonis auf. Er wusste nicht zu differenzieren, dass es eine nichtfaschistische Rechte Mitte gibt, mit der man laut Gramsci einen »historischen Block« gegen den Faschismus versuchen muss.[132]

Indem er das Bündnis mit Contes M5S – der zweiten wichtigen Kraft von »Mitte-links« – aufbrach, verhinderte Letta das Zustandekommen einer Einheitsfront gegen Meloni. Conte hatte mit der Ablehnung der militärischen Unterstützung für die Ukraine im Krieg gegen Russland den Sturz der Regierung Draghi herbeigeführt. Als einziger Parteichef kritisierte er die Militärausgaben, womit er bei den rund 60 Prozent der Wählerinnen und Wählern punkten wollte, die dieser Position nahestehen. M5S wurden 13 bis 14 % der Wählerstimmen vorausgesagt.

Im Kern ging es außenpolitisch dabei um die Haltung zum von der EU und der NATO befeuerten Willen Kiews zum Sieg über Russland und die Unterstützung dafür durch Italien, eingeschlossen

132 »Rechte siegesgewiss. Wahl in Italien: Umfragen sagen Kopf-an-Kopf-Rennen zwischen Faschistin Meloni und Sozialdemokrat Letta voraus«, in: junge Welt, 24./25.9.2022.

Waffenlieferungen. Während der PD diese Haltung bedingungslos unterstützte, lehnte M5S-Vorsitzender Giuseppe Conte sie ab und trat für eine Verhandlungslösung ein. Er ging dabei pragmatisch davon aus, dass 60 % der Italiener den Krieg ablehnten und er auf deren Stimmen für seine durch die Regierung mit der Lega 2018/19 in der Wählergunst von 32 % bei Kommunalwahlen auf zuletzt 7 % gesunkene Partei setzen könne.

Letta wollte dagegen ein Wahlbündnis mit dem Leiter der Zentrumspartei Azione, Carlo Calenda. Da der Liste kaum 3 % Stimmen zugetraut wurden, nahm er noch die Partei Sinistra Italia (Italienische Linke, SI) und die Verdi (Grünen) in das Bündnis auf. Der SI-Vorsitzende Nicola Fratoianni war ein früherer Kommunist des PRC, der nichts mehr mit Kommunismus am Hut hatte. Dennoch warf Calenda Letta vor, sich mit Kommunisten zu verbünden und verließ daraufhin die Koalition.[133] Mit Matteo Renzis »Lebendiges Italien« (IV) bildete er danach einen betont antikommunistischen »Dritten Pol«, der sich zu Draghis Politik bekannte und sich für deren Fortsetzung aussprach. Nachdem sich Conte vergeblich bemüht hatte, das Wahlbündnis mit dem PD fortzusetzen, trat M5S mit ihm als Spitzenkandidat allein an. Für die von Potere al Popolo (Die Macht dem Volke) mit Kommunisten gebildete Unione Popolare (Volksunion) trat unter anderem der frühere Bürgermeister von Neapel, Luigi de Magistris, an. Das bunte Bild der Bewerber wurde abgerundet durch die 95-jährige Filmdiva Gina Lollobrigida, die in den Reihen der »Antiestablishmentpartei« Italia Sovrana e Popolare für einen Sitz im Senat kandidierte.

Letta hatte erklärt, bei der Wahl würde es um die »Wahrung der Verfassung oder deren Sturz« gehen. Diese Kampfansage wurde bald vergessen, und der PD führte einen defensiven Wahlkampf, der schließlich damit endete, dass Letta auf Twitter Melonis Wahlsieg einen »historischen Schritt für unser Land« nannte, weil sie eine Frau ist. Seine Lobhudelei gipfelte darin, ihr »gute Arbeit zu

133 ANSA, 6.8.2022.

wünschen« und dass er jetzt mit ihr »nach vorne schauen« wolle. Den vorerst letzten Höhepunkt dieser Anbiederung erreichte Letta, als er sich zum Tod des Mitbegründers der Lega, Roberto Maroni, am 23. November 2022 »voller Respekt und traurig« äußerte.[134] Das galt einem der übelsten Rassisten, der mit Lega-Gründer Umberto Bossi und dem heutigen Meloni-Minister Roberto Calderoli im Wahlkampf 2008 gefordert hatte, illegale Einwanderer in Lager zu sperren.

Wenn davon die Rede ist, dass und wie sich der PD sein Grab 2022 schaufelte, muss man noch das betrügerische Wahlgesetz erwähnen, welches Meloni und ihrer Koalition zum Sieg verhalf. Denn es ist ein Produkt des PD, das 2017 in seiner Regierungszeit als sogenanntes Rosatellum«[135] angenommen wurde, um Kommunisten und anderen unliebsamen Linken mithilfe einer Sperrklausel den Weg ins Parlament zu versperren. Die dahinterstehende Hoffnung war offenbar, kleine(re) Parteien in Wahlkoalitionen zu zwingen, um so deren Inhalten bereits vor dem Wahlgang die Spitzen abzuschlagen.

Der PD griff mit dem »Rosatellum« geringfügig modifiziert die von Berlusconi im Juli/August 1993 zur Sicherung seines Wahlsieges 1994 im Parlament durchgesetzte Wiedereinführung des nach dem Ersten Weltkrieg aufgehobenen reaktionären Mehrheitswahlrechts zu 75 Prozent auf. Dass es nicht zu 100 Prozent eingeführt wurde, scheiterte damals an dem vor allem vom PRC mobilisierten Widerstand.[136] Mit der gleichzeitig erstmals festgelegten Vier-Prozent-Sperrklausel (inzwischen auf drei Prozent gesenkt) zwang das Mehrheitswahlrecht zu Wahlkoalitionen. Das Mehrheitswahlrecht verfälschte schon unter Berlusconi in grober Weise die Wahlergebnisse, da es genügte, wenn ein Kandidat in einem Wahlkreis,

134 Ebd., 24.11.2022.

135 Benannt nach dem Namen des Fraktionsvorsitzenden des PD in der Abgeordnetenkammer, Ettore Rosato, der das Gesetz einbrachte.

136 Giorni, S. 171 f.

manchmal mit kaum mehr als zehntausend Wahlberechtigten, nach einer Stichwahl eine einfache Mehrheit – auch mit nur einer Stimme – erreichte. Am 25. September 2022 wurde dazu modifiziert, dass 36 Prozent der Sitze nach dem Mehrheitswahlrecht in 300 Ein-Personen-Wahlkreisen vergeben wurden. So erreichte die Partei Noi Moderati, ein von früheren Christdemokraten gebildeter Ableger der Forza Italia, in der Koalition nur 0,91 % Stimmen, zog aber mit sieben Abgeordneten und zwei Senatoren ins Parlament ein. In ihrer Regierung vergab Meloni dieser Splitterpartei zwei Staatssekretärsposten: Vittorio Sgarbi für Kultur und Giorgio Silli für auswärtige Angelegenheiten. Beide sind »parteilose« Gefolgsleute aus Berlusconis Forza Italia und seinen Regierungen. Fronte Popolare, die 1,2 % Stimmen erzielte, ging dagegen leer aus.

Da die Linke Mitte gespalten antrat, hatte sie, von wenigen Ausnahmen abgesehen, keine Chancen in den Ein-Personen-Wahlkreisen Kandidaten durchzubringen. Trotz dieser absehbaren Nachteile unternahm der PD nichts, im Parlament für eine Änderung dieses Wahlgesetzes einzutreten. Warnende Stimmen, etwa die des langjährigen Mitglieds und zeitweiligen Vorsitzenden des Verfassungsgerichts, Gustavo Zagrebelsky, der schon 2017 das »Rosatellum« abgelehnt hatte, verhallten ungehört. Er hatte eingeschätzt, dass die »eigentlich sakrosankte Wahlfreiheit« durch das Wahlgesetz »eklatant verletzt« und infragegestellt wird, ob auf seiner Grundlage zu wählen, »überhaupt im Einklang mit der Verfassung steht?«[137] Die Wahlergebnisse sahen dann wie folgt aus: FdI 26 %, Lega 8,8 %, FI 8,1 %, PD 19,9 %, M5S 15,4, Azione mit »Dritter Pol« 7,8 % Verdi und SI 7,8 %.[138]

Auf dem zum PD gehörenden Staatspräsidenten Sergio Mattarella ruhten lange Zeit Hoffnungen, er werde den faschistischen Vormarsch bremsen. Sie gründeten sich darauf, dass er als linker

137 La Repubblica, 15.9.2022.

138 Nach Angaben des Innenministeriums bezogen auf die Ergebnisse für die Abgeordnetenkammer.

Katholik ein Anhänger der Politik der Regierungszusammenarbeit des DC-Vorsitzenden Aldo Moro mit IKP-Generalsekretär Enrico Berlinguer war. Sein Bruder Piersanto, der dieselbe Linie als DC-Vorsitzender auf Sizilien verfolgte, fiel deshalb, wie Moro, im Januar 1979, einem von Faschisten und Geheimdienstkreisen inszenierten Mord zum Opfer. Sergio Mattarella war Minister in Mitte-links-Regierungen der 90er Jahre, gehörte 2007 in der Katholischen Zentrumspartei Margherita zu den Gründungsvätern des PD. 2015 wurde er zum Staatspräsidenten gewählt und wollte 2021 eigentlich abtreten. Nachdem die faschistische Rechte Ex-Premier Berlusconi zur Wahl aufgestellt hatte, gab er dem Drängen vor allem antifaschistischer Kräfte (u. a. des Partisanenverbands ANPI) nach und wurde im Amt bestätigt. Nach dem Sturz der Regierung Draghi im Juli 2022 hatten Restlinke im PD ihn aufgefordert, in Befürchtung eines faschistischen Wahlsieges, auf vorgezogene Wahlen zu verzichten und eine Übergangsregierung einzusetzen, um dem PD Zeit für eine linke Ausrichtung zu geben. Mattarella ist dieser Bitte nicht nachgekommen. Der trostlose Wahlkampf seiner Partei hat bei dem 81-Jährigen wohl dazu beigetragen, die »reuelosen« faschistischen Minister Melonis trotz ihrer Bekenntnisse zu Mussolini, ohne Einsprüche »abzunicken«.[139]

Als Mattarella sich dann zum Jahrestag des faschistischen Anschlags in der Landwirtschaftsbank auf der Piazza Fontana am 12. Dezember 1969 in Mailand (16 Tote, mehr als 100 Verletzte) äußerte, rief das scharfe Proteste hervor. Zwar verurteilte der Staatschef das Massaker als »einen grausamen Angriff, der Tod und Leid verursachte« und »die Institutionen der Republik bedrohte«, behauptete aber, »es sei möglich gewesen, die neofaschistischen subversiven Strategien und die terroristischen Banden aller Couleur zu besiegen«. Abgesehen davon, dass er damit die Anschuldigungen gegenüber Linken, für das Massaker mitverantwortlich zu sein, übernahm, vertuschte er, dass die faschistischen Banden

139 Il Manifesto, 21.10.2022.

nicht besiegt wurden, sondern drei Monate vorher in Gestalt der Regierung unter Giorgia Meloni an ihr Ziel gelangt waren. *Il Manifesto* schrieb, Meloni könne heucheln, »die unschuldigen Opfer des Massakers auf der Piazza Fontana nicht zu vergessen«, während sie die Kinder, Erben und politischen Bewunderer der Protagonisten jener »dunklen Jahre« in ihre Regierung geholt habe. Die Zeitung erinnerte daran, dass zu ihnen unter anderem die Staatssekretärin im Verteidigungsministerium Isabella Rauti gehörte, die Tochter von Giuseppe »Pino« Rauti, »dem Terrormanager des Movimento Sociale Italiano (MSI) – in dem Meloni die Jugendfront leitete und aus dem bekanntermaßen ihre Partei ›Brüder Italiens‹, FdI, hervorging – und Gründer der subversiven Pro-Nazi-Gruppe Ordine Nuovo, die für das Massaker an der Piazza Fontana verantwortlich war«.

Die Verantwortung für den Anschlag in Mailand war Anarchisten und Linken gegeben worden, mehr als 300 von ihnen wurden damals verhaftet, darunter der Balletttänzer Pietro Valpreda, der drei Jahre lang unschuldig eingesperrt blieb. Der Anschlag sollte das Klima für den faschistischen Putsch schaffen, den der Kriegsverbrecher und MSI-Ehrenvorsitzende Junio Valerio Borghese im Dezember 1970 auslösen wollte. Rauti arbeitete, so *Manifesto* weiter, mit Guido Giannettini, Agent des italienischen Geheimdienstes SID, zusammen, der 1966 das bekannte Pamphlet »Rote Hände über den Streitkräften« verfasst hatte. In diesem wurde verbreitet, die Armee sei »kommunistisch unterwandert«, und die »rote Machtergreifung« stehe unmittelbar bevor. Das Machwerk sollte den Vorwand für einen weiteren faschistischen Putsch gegen die Regierung der Apertura a sinistra (Öffnung nach links) des linksliberalen Vorsitzenden der Democrazia Cristiana (DC), Aldo Moro, mit den Sozialisten Pietro Nennis liefern. Wenn Mattarella jetzt äußerte, die subversiven Strategien und die terroristischen Banden vom Schlag eines Pino Rauti seien »besiegt« worden, dann konnte Meloni weiter behaupten, dass sie und ihre Brüder Italiens keine Nachfolger der MSI-Terroristen sind und sie »nie mit dem Faschismus sympathisiert« habe. *Contropiano* hielt dem Staatschef vor, »an das Massaker auf der Piazza Fontana zu erinnern, bedeute, auf den ›schwarzen Faden‹ hinzuweisen, der die heutigen Faschisten an diesen tragischen Teil der italienischen Geschichte binde«. Es sollte nicht vergessen werden, dass heute die Europäische Union, die die Interessen der großen Bosse des Kapitals verkörpere, »keine Bedenken« habe, »Nazis und Faschisten einzusetzen, um ihre Ziele zu erreichen«.[140]

140 ANSA, Il Manifesto, Contropiano, 12./13.12.2022.

IV.
Krieg und Frieden

1.
Eine Regierung der Kriegsgewinnler

Die Entwicklung erfolgt vor dem Hintergrund des Krieges in der Ukraine, der bereits von den USA, der NATO und der EU als ein, nicht nur zur Ausschaltung Russlands als einer Weltmacht, sondern auch zur Schwächung und Verhinderung des Aufstiegs Chinas zur Weltmacht angegangen wird. »Dieser Krieg, an dem wir auf Befehl der NATO teilnehmen und der die wirtschaftliche und soziale Krise« auslöst, werde das »Herzstück« der politischen Entscheidung werden. Und dass in Kiew daran »extreme Rechte mit einem Teil erklärter Nazi-Truppen« teilnehmen, verstärke den Widerstand der Antifaschisten in Italien.[141] Denn wie vorher Draghi unterstützt Meloni bisher bedingungslos den Kurs, der Ukraine bis zu einem Sieg über Russland auch mit Waffenlieferungen zu helfen, für die bis November 2022 schon eine halbe Milliarde Euro ausgegeben wurden. Für weitere Lieferungen bereitete die Regierung zu diesem Zeitpunkt bereits ein neues Dekret vor. Die russische Botschaft hatte am 29. November 2022 auf Twitter das Foto eines in der Ukraine zerstörten italienischen Panzerwagens Lince (Luchs) Mlv verbreitet. Wie an der Person ihres Verteidigungsministers Guido Crosetto, eines Mannes des militärisch-industriellen Komplexes, sichtbar wird, vertritt sie damit führende Kreise der Rüstungsindustrie, die mit Waffenlieferungen lukrative Geschäfte machen und kein Interesse an Verhandlungslösungen haben.

141 Contropiano, 10.10.2022.

Beispielhaft steht hier die meist als Autobauer bekannte Fabrica Italiano Automobile Torino (FIAT), die der größte Rüstungskonzern Italiens ist. Ihr Besitzer, der aus der Agnelli-Familie stammende John Elkann, kontrolliert als CEO mit Beteiligungen die niederländische Holding Exor, ein Rüstungskartell, zu dem die niederländisch-britische Case und New Holland (CNH) gehört. Diese wiederum ist am größten italienischen Unternehmen mit öffentlicher Beteiligung im Rüstungssektor Leonardo (dessen Chef, wie bereits erwähnt, jahrelang der jetzige Verteidigungsminister Guido Crosetto war) beteiligt und zugleich über FIAT Iveco Defence führender Lieferant der italienischen Armee, u. a. mit »Centauro II«-Panzerfahrzeugen. Exor ist weiter am Luxuslimousinenhersteller Rolls Royce beteiligt, der weltweit für ungefähr 25 Prozent aller Militärflugzeuge seine Rolls-Royce-Triebwerke liefert. Darunter fallen 56 »EJ 200«-Triebwerke, die die deutsche Luftwaffe für ihre Eurofighter bestellt hat. An die südkoreanische Kriegsmarine gehen »MT 30«-Turbinen von Rolls Royce für die dritte Serie der Fregatten der Ulsan-Klasse. Großbritannien erhält den neuen und fortschrittlichen Druckwasserkernreaktor »PWR-3« von Rolls Royce für die nächste Generation seiner Offensiv-U-Boote. »Da wittert man Morgenluft fürs Kriegsgeschäft – für Waffen in die Ukraine, nicht für Waffenstillstand und Frieden, sondern für die Ausdehnung des Konflikts in Richtung Dritter Weltkrieg«.[142]

Und damit im Rüstungsgeschäft mit der Ukraine keine Flaute eintritt, heizt Elkan als Besitzer eines der wichtigsten italienischen Medienkonzerne »Gruppo Editoriale SpA« (Gedi) die Kriegshysterie mit Berichten über Greueltaten russischer Soldaten weiter an. Das geschieht in zwölf Zeitungen, acht Zeitschriften, vier Radiosendern und 23 digitalen Publikationen, dazu zählen die einflussreiche Turiner *La Stampa*, *Il Secolo XIX*, aber auch Sender wie *Radio Dee Jay* oder *Radio Capital*.[143]

---

142 Contropiano, 20.3.2022.

143 Vgl. auch: »Profitable Verbindung. Verlagsgruppe heizt Krieg an. Deren Präsident ist Eigner von größtem Rüstungskonzern FIAT«, in: junge Welt, 23.3.2022.

Im Wahlkampf hatte Meloni, wie dargelegt, Mühe, ihre Partner bezüglich der Unterstützung der Ukraine bei der Stange zu halten, da die auch Interessen von Kapitalkreisen, die nicht zur Rüstungsindustrie gehören und die schwer von den in der EU verhängten und von der Regierung befolgten Sanktionen leiden, getroffen werden. Einige Zeit lang hat Italien deshalb bei den Sanktionen nicht in vollem Umfang mitgezogen. Bestimmte Wirtschaftskreise waren nicht bereit, die von der EU gegen Russland verhängten Sanktionen, zumindest was Gas betrifft, mitzutragen. Den Hintergrund bildet, dass Italiens Energieverbrauch zu rund 40 Prozent aus Erdgas besteht, was jährlich 76 Milliarden Kubikmeter ausmacht, von denen das Land rund 30 Milliarden aus Russland bezog. Der Präsident des Industriellenverbandes Confindustria, Carlo Bonomi, befürchtete im Mai 2022, die Auswirkungen der Sanktionen könnten »die italienische Industrieproduktion zum Erliegen bringen«. Nach den veröffentlichten Zahlen war das durchaus möglich: Die italienische Industrieproduktion ging im ersten Quartal 2022 im Vergleich zum vierten Quartal 2021 um 2,9 % zurück. Infolge der explodierenden Rohstoff- und Energiekosten mussten 16 % aller Unternehmen die Produktion reduzieren oder ganz einstellen. 30 % drohte das gleiche Schicksal, so eine Analyse, der Confindustria vom 28. Mai 2022. 447 italienische in Russland tätige Unternehmen, »die einen Umsatz von 7,4 Milliarden Euro eingefahren hatten«, mussten schließen. Deren Anlagenbestand betrug über 11 Milliarden Euro.[144] Am 17. Juni 2022 warnte die Confindustria weiter: »Das italienische Produktionssystem ist in Europa am stärksten von den steigenden Energiepreisen betroffen«. Würden die Erdgasimporte aus Russland, dem Hauptlieferanten, komplett blockiert, »könnte sich das verheerend auf die bereits geschwächte italienische Wirtschaft auswirken«. Umweltminister Roberto Cingolani wollte am liebsten weiter Gas aus Russland beziehen.[145]

144 ANSA, 28.5.2022.

145 Ebd., 17.6.2022.

Dabei hatten, wie der Präsident der Confartigianato (Handwerkskammer), Marco Granelli, informierte, bereits seit der Krimkrise (Anschluss der Krim 2014 an Russland) die Geschäfte der Mitglieder seines Verbands »auf dem russischen Markt Verluste von 24,7 Millionen Euro angehäuft, was einem Durchschnitt von drei Millionen Euro pro Jahr« entsprach. Betroffen waren vor allem Kleinst- und Kleinunternehmen der Branchen Lebensmittel, Mode, Möbel, Holz und Metalle.

Angesichts der in Italien in Folge dieser Auswirkungen stärker werdenden Antikriegsbewegung versuchte selbst Draghi bei seinem Besuch im Mai 2022 in Washington gegenzuhalten und drängte US-Präsident Biden, in der Ukraine »Friedensverhandlungen« aufzunehmen. Auf der Pressekonferenz in der US-Hauptstadt präzisierte der Premierminister danach, die von ihm angestrebte Verhandlungslösung dürfe nicht dafür genutzt werden »zu gewinnen«, da ein Sieg im Ukraine-Krieg »Definitionssache« sei. Zumindest teilweise ging Draghi mit seinen Aussagen damit auf Distanz zu dem vor allem von Berlin und London verfolgten Kurs, Kiew mit immer mehr Waffenlieferungen zum »Sieg« zu verhelfen. Zwar bekräftigte der italienische Premier »die Unterstützung der Ukraine«, betonte aber, man müsse »anfangen, über den Frieden zu sprechen«, welcher den »ersten Punkt auf der Verhandlungsagenda« darstellen müsse. Am Ende dürfe es sich nicht um einen »aufgezwungenen« Frieden handeln, sondern um einen, den die Ukraine wolle. Aber »alle Parteien müssen sich bemühen, sich an einen Tisch zu setzen, auch die USA«, so Draghi weiter. Zudem empfahl er Biden, seinen russischen Amtskollegen Wladimir Putin anzurufen, denn Kontakte müssten »wiederaufgenommen« und »auf allen Ebenen intensiviert werden«. Gegenüber der Presse beteuerte Draghi nach seinem Gespräch mit Biden dann, es gebe keine »Konflikte« zwischen den USA und Italien. Vielmehr sei es darum gegangen, sich zu »verständigen«.[146]

146 ANSA, 15.5.2022.

Im Mai kam der Energiekonzern ENI entgegen der Festlegung in Brüssel der russischen Forderung nach und richtete zur Zahlung zwei sogenannte K-Konten ein: in Euro auf dem ersten und anschließender Umwandlung in Rubel auf dem zweiten«. Danach lieferte Gazprom Italien zunächst weiter Gas.

Die Kosten der durch den Krieg ausgelösten Wirtschaftskrise bekamen die breiten Schichten der arbeitenden Menschen, die Arbeitslosen und Rentner in bis dahin nicht gekannter Weise zu spüren. Im Dezember 2022 berichtete die Energiebehörde Arera, dass die Gasrechnung für Familien im November gegenüber dem Vormonat um weitere 13,7 % gestiegen war und dass die Differenz 2022 für einen typischen Haushalt bereits 1.740 Euro (63,7 %) gegenüber dem Vorjahr betragen werde. Das Unimpresa Study Center, ein Institut kleiner, mittlerer und kleinster Unternehmen, hatte im Juli 2022 berichtet, dass Ende 2021 im G7-Staat Italien 11,5 Millionen Menschen, weit mehr als bis dahin bekannt, in Armut lebten. Davon waren die Rentner am stärksten betroffen. Das staatliche Amt für Statistik ISTAT meldete mit einem Anstieg der Inflation um 8 %, einen Höchststand seit 1986. Diese Inflation »frisst die Rente auf«, so der Vorsitzende der Rentner-Gewerkschaft in der CGIL, Alfred Ebner. Immer mehr Rentner rutschen in die Armut ab. Laut der italienischen Sozialversicherung INPS lag die durchschnittliche Altersrente seit 1. Januar 2019 bei knapp 1.200 Euro. Einbezogen waren darin jedoch auch die verhältnismäßig bessergestellten Pensionäre, die Altersbezüge von 1.500 Euro und mehr erhalten. Etwa 2,3 Millionen Rentner erhielten dagegen weniger als 1.000 Euro im Monat und lebten damit schon an der Armutsgrenze. Schlimmer ging es den 12,2 % von ihnen, die nicht über 500 Euro kamen. In Südtirol, einer Region, die zu den wohlhabenderen zählt, bekommen »derzeit rund 30 % der Rentner unter 1.000 Euro brutto«, sagte Ebner. Davon lasse es sich in Südtirol nur schwer leben. Und jetzt treffe es auch jene, »die ein bisschen darüber liegen – und die solche Situationen gar nicht gewohnt sind«. Der Leiter der Mailänder Caritas, Luciano Gualzetti, berichtete im Interview mit *Radio Vatikan*, dass es kaum noch einen Unterschied zwischen dem traditionell reicheren Norden und dem Süden, wo generell mehr Menschen in sozialen Schwierigkeiten leben, gibt.

Mit der Vorlage des Entwurfs für den Haushalt 2023 am 21. November 2022 kam für Meloni die Stunde der Wahrheit. Im Wahlkampf hatte sie mit ihren Partnern den arbeitenden Menschen das Blaue vom Himmel versprochen: Salvini eine Flat Tax (Einheitssteuer) von 15 Prozent und eine neue Steueramnestie, die Verdoppelung der Mindestrenten von bisher rund 500 Euro – und den gleichen Betrag für Mütter und Hausfrauen. Berlusconi wollte eine Million neuer Arbeitsplätze schaffen. Alle versprachen das seit Jahren von M5S angestrebte, aber immer abgeblockte »Reddito di Cittadinanza«, das Bürgereinkommen für alle Bedürftigen. Davon blieb kaum etwas übrig.[147] Das konnte auch gar nicht anders sein, denn der Entwurf war das Werk von Finanzminister Giancarlo Giorgetti von Salvinis Lega. Er war schon unter Draghi Minister und setzte als Vertrauter des früheren EZB-Präsidenten dessen Finanzpolitik, die zu garantieren ja Meloni zugesagt hatte, fort. Confindustria-Präsident Carlo Bonomi hatte klargestellt, dass für die Einlösung von Wahlversprechen »nicht der richtige Zeitpunkt« sei, sondern »das wichtigste Kapitel« die »Sicherung der italienischen Industrie« ist. »Die neue Regierung kann es sich nicht leisten, die strategische Bedeutung der italienischen Produktion zu ignorieren«, das »ist eine Frage der nationalen Sicherheit«, sagte er auf einer Tagung des Verbandes der Chemie-Industrie (Federchimica). Meloni hielt sich an die Order. Zum Schein gewährte sie eine Mini-Steueramnestie, statt des allen versprochenen Bürgereinkommens wurden die Kontrollen und Sanktionen für Leistungsbezieher, die eine angebotene Arbeitsstelle ablehnen, verstärkt. Lediglich auf Brot und Milch wurde die Mehrwertsteuer aufgehoben. M5S-Präsident Conte sah in der Vorlage einen »sozialen und wirtschaftlichen Abgrund für Arbeiter und arme Familien«, während es eine »Reise erster Klas-

147 ANSA, 21.11.2022.

se für Steuerhinterzieher und korrupte Leute, die mit Geldbündeln herumlaufen«, sein werde. Das Staatsbürgerschaftseinkommen für Frauen und Männer über 50 und 60, die schon Schwierigkeiten haben, eine Anstellung zu finden, werde in Wirklichkeit gekürzt. Die Sprecherin von Potere al Popolo, Marta Collot, prangerte an, »damit wird das Gewicht der Krise und der Kriegswirtschaft mit Zustimmung des gesamten parlamentarischen Gewölbes auf die Volkssektoren abgeladen«.

Während elementarste Menschenrechte unberücksichtigt blieben, hatte man in dem Haushalt nicht vergessen, den »möglichst effektiven Vollzug der Ausweisungsverfügungen von Ausländern zu gewährleisten«. Das Innenministerium wurde beauftragt, das Netz der Haftanstalten für die Rückführung von Migranten auszubauen. Dazu wurden die Mittel 2023 um 5,4 Millionen Euro, für 2024 um weitere 14,4 Millionen Euro und für 2025 nochmals um 16,2 Millionen Euro erhöht.[148] Von Brüssel forderte Meloni höhere Leistungen zur Bewältigung der Energiekosten, die Italien sonst nicht bewältigen könne. Energie- und Umweltminister Gilberto Pichetto Fratin schob nach, der Plan der EU-Kommission sei »unzureichend« und müsse überarbeitet werden. Ohne grundsätzliche Änderungen beschloss die rechte Mehrheit in beiden Kammern kurz vor Jahresende den Krisenhaushalt.[149]

Von Ärzten, Gesundheitspersonal über Rentner bis zu Arbeitnehmern protestierten Unzählige gegen den Haushaltsentwurf. Die Gewerkschaften kündigten erste Mobilisierungen an. Die Vorstände von CGIL und UIL traten zusammen und entschieden, der Regierung den Kampf anzusagen. CGIL-Generalsekretär Maurizio Landini erklärte, der Haushalt »trifft die Ärmsten, erhöht die Prekarität, belohnt Steuerhinterzieher mit vielen Formen der Amnestie, bestraft dagegen mit der Flat Tax die Arbeitnehmer«. Es gebe keine angemessenen Lohnerhöhungen, das Renten-Gesetz werde nicht

148 Il Manifesto, 22.11.2022.

149 ANSA, 29.12.2022.

reformiert, die Renten werden nicht geschützt. Im Gesundheitswesen herrsche, so *Manifesto*, »heller Aufruhr«. Ärzte und Tierärzte lehnten den Haushalt ab, der für die Gesundheitsversorgung »nur Krümel« bereithalte. »Die unerträglich gewordenen Arbeitsbedingungen von medizinischen, veterinärmedizinischen und anderen in verwandten Bereichen Beschäftigten schüren eine Krise der öffentlichen Gesundheit«, hieß es in einer Erklärung von Ärzten und Pflegekräften der CGIL, UIL, CISL und weiterer Verbände. Diese – in Folge auch der Unterstützung der Ukraine – sich verstärkende soziale Verelendung dürfte entscheidend die weitere Entwicklung unter der Regierung Meloni beeinflussen. Zumal Meloni schon im Wahlkampf Brüssel versicherte, dass ihre Regierung den von Draghi verfolgten proatlantischen und EU-Kurs unverändert fortsetzen werde.

Noch vor ihrer Vereidigung am 22. Oktober 2022 durch Staatspräsident Mattarella protestierten die Gewerkschaften am 8. Oktober unter der Losung »Italia, Europa, ascoltate i Lavoratori« (Italien, Europa höre auf die Arbeiter) auf der Piazza del Popolo in Rom auf einer Kundgebung gegen die Bildung der Regierung Meloni. Es waren Menschen unterschiedlicher Prägung – Gewerkschafter, Antifaschisten, Sozial- und Linksdemokraten, Kommunisten. Der Platz im Zentrum, der Zehntausende fasst, war »vollgepackt mit Menschen«, berichtete das linksliberale *Fatto Quotidiano*. Anlass war, daran zu erinnern, dass vor einem Jahr, am 10. Oktober 2021, die faschistische Forza Nuova, ein Stoßtrupp der Lega, die Zentrale der CGIL überfallen und verwüstet hatte, weil die Gewerkschaft die Anti-Covid-Maßnahmen unterstützte. Die Kundgebung erhielt hochkarätige internationale Unterstützung, so durch eine Videobotschaft von Gilbert F. Houngbo, Generaldirektor der ILO; die Teilnahme von Luca Visentini, Generalsekretär des Europäischen Gewerkschaftsbundes,[150] Oliver Roepke, Vorsitzender der Arbeit-

150 Inzwischen in den Bestechungsskandal von EU-Parlamentariern zur Ausrichtung der Fußballweltmeisterschaft durch Katar verwickelt. Vgl. »Gefälligkeiten für Lob«, in: junge Welt, 20.12.2022.

nehmergruppe des Europäischen Wirtschafts- und Sozialausschusses, die neben den Generalsekretären Maurizio Landini (CGIL), Luigi Sbarra (CISL), Pier Paolo Bombardieri (UIL) und Gianfranco Pagliarulo (Präsident des Partisanenverbandes ANPI) auf der Tribüne Platz genommen hatten. Die Gewerkschaften, ANPI, Potere al Popolo, Kommunisten und weitere Linke hatten damals Premier Draghi aufgefordert, die Forza Nuova zu verbieten, wozu er laut Verfassung das Recht hatte, davon aber keinen Gebrauch machte. Im Juli 2022 waren lediglich mehrere Mitglieder der Forza Nuova zu Haftstrafen verurteilt worden.

2.
Die Friedensbewegung

Die Proteste gegen den Krieg und die Parteinahme für die Ukraine hatten bereits unter Draghi massiv eingesetzt. Im März 2022 verweigerten auf dem Flughafen Galileo Galilei in Pisa Arbeiter, als »humanitäre Hilfe« getarnte Waffen für die Ukraine zu verladen. Es handelte sich, enthüllte das Onlinemagazin *Contropiano*, um eine als »Fracht B-737« deklarierte Lieferung einer von der NATO für den Transport von Kriegsmaterial unterhaltenen Fluggesellschaft. Die Waffenlieferungen leitete General Paolo Figliuolo vom Einsatzführungskommando der italienischen Streitkräfte (COVI). *Il Manifesto* enthüllte, es handele sich bei dem Flughafen von Pisa um eine »regelrechte internationale Militärluftbrücke zum Stützpunkt Rzeszów in Ostpolen, wo seit Anfang Februar ein US-Logistikkommando tätig« ist. Außerdem werde neben Pisa »auch der Aeroporto Mario de Bernardi von Pomezia bei Rom, einer der größten Militärflughäfen in Europa«, dazu benutzt. Die Gewerkschaft Unione sindacale di Base (USB) setzte durch, dass die als »humanitäre« Hilfe getarnten Waffentransporte in Pisa eingestellt werden mussten.[151] Die Hafenarbeiter von Livorno und Neapel sowie die des Flughafens bei Rom schlossen sich

151 ANSA, 16.3.2022.

den Protesten an. Neapels Exbürgermeister Luigi de Magistris erklärte, er habe mit Wladimir Putin »nichts gemeinsam«, aber »Waffen an die Ukraine verstärkten und erweiterten den Konflikt, sind gegen den Frieden, erhöhen die Zahl der Toten, verwandeln die Ukraine in das Afghanistan Europas und riskieren, auch uns direkt in den Konflikt hineinzuziehen«. Kommunisten des PCI und PRC stellten klar, dass der »Expansionismus der NATO nach Osten und das militaristische Abdriften der Europäischen Union« die Ursachen des Krieges in der Ukraine sind. Sinnvoll sei eine Politik, die dort »Demokratie und Antifaschismus garantiert«, und dass die Ukraine »eine neutrale Nation« wird, »die eine Politik der Zusammenarbeit zwischen den europäischen Ländern und Russland« betreibt.[152]

Als Giorgia Meloni den Auftrag zur Regierungsbildung erhalten hatte und sogleich bekräftigte, die Unterstützung des Krieges in der Ukraine fortzusetzen, fanden in über 100 Städten Proteste gegen die Abwälzung der Kosten des Krieges auf die arbeitenden Menschen statt.[153] Nachdem der Partisanenverband ANPI und die Gewerkschaften CGIL, CISl und UIL, die zusammen über acht Millionen Mitglieder vertreten, dazu aufgerufen hatten, schloss sich ein Verbund »Sbilanciamoci« (übersetzt etwa »Bringen wir sie aus dem Gleichgewicht), dem 49 linke, soziale und Friedensgruppen angehören, an und appellierte, den Krieg in der Ukraine zu stoppen und »eine Initiative in Richtung eines diplomatischen Weges zu ergreifen«. Die »Lieferung von Waffen ist eine falsche Entscheidung, die, anstatt den Frieden näherzubringen, zu einem zerstörerischen Krieg führt«, hieß es in dem von *Manifesto* veröffentlichten Appell, der auf das Scheitern der »Kriege in Afghanistan, in Libyen, im Nahen Osten, im Kosovo« verwies.[154]

Nachdem die Zusammensetzung der Regierung Melonis offenbarte, wes Geistes Kind ihre Ministerriege ist, wuchsen die Proteste

152 Nach Contropiano, 16.3.2022.

153 ANSA, 21.10.2022.

154 Il Manifesto, 22.10.2022.

weiter an. Am 5. November gingen Kriegsgegner von Rom bis Mailand, von Turin bis Neapel unter Fahnen mit der stilisierten weißen Taube Picassos und dem Gesang des legendären Partisanenliedes »Bella Ciao« auf die Straße und forderten einen »sofortigen Waffenstillstand«, um den »Konflikt in der Ukraine zu beenden«. Veranstalter waren wieder die Gewerkschaften und die ANPI, neben ihnen die Associazione Ricreativa Culturale Italiana (ARCI), die größte italienische Non-Profit-Vereinigung, die nicht mit der katholischen Kirche verbunden ist und 4.796 Kulturzentren mit einer Million Mitgliedern in allen italienischen Regionen zählt. Insgesamt beteiligten sich diesmal mehr als 500 Organisationen, Verbände und Gruppen, darunter das Disarmament Network, deren Aufrufen Menschen unterschiedlicher politischer Ansichten folgten: von Christen und Pazifisten über Grüne und Anhänger der Fünf-Sterne-Partei M5S bis zu Sozialdemokraten und Kommunisten. Nach Angaben der Organisatoren nahmen mehr als 100.000 Menschen, laut Polizei rund 40.000 teil. Während in Mailand auf einer Kundgebung der Zentrumspartei Azione etwa 5.000 Menschen auch Transparente »gegen die russische Aggression« zeigten, dominierten in Rom Plakate gegen die NATO und mit Forderungen nach dem sofortigen Ende des Krieges in der Ukraine, für ein »Europa des Friedens«, verbunden mit dem Appell an die EU, ihre Mitglieder sowie die Vereinten Nationen, »die Verantwortung für Verhandlungen zu übernehmen«. In der Hauptstadt führten die katholische Gemeinschaft Sant'Egidio und Pfadfinder gemeinsam mit Gewerkschaftern eine Prozession an.

Im Handschlag standen der frühere Premier, M5S-Chef Giuseppe Conte, zusammen mit dem Vorsitzenden der CGIL-Gewerkschaft, Maurizio Landini, auf der Tribüne und verkündeten: Wir sind »die schweigende Mehrheit des Landes«, die Friedensverhandlungen fordert. Weiter sprach er eine Warnung an den neuen Verteidigungsminister Guido Crosetto von den faschistischen Fratelli d'Italia aus. Er solle es nicht wagen, »mehr Waffen in die Ukraine zu schicken, ohne das Parlament zu konsultieren«. Landini rief zum »Verzicht auf den Krieg auf, weil das Risiko eines nuklearen Konflikts real ist«. Die von Potere al Popolo (Die Macht dem Volke) zu den Wahlen gebildete Volksunion war vertreten, um gegen den Krieg in der Ukraine, gegen den Krieg gegen die Armen, gegen den Krieg gegen Migranten zu protestieren, um zu verhindern, dass wir alle zum Krieg und blindem europäischen und atlantischen Gehorsam »erzogen« werden, hieß es in ihrem Aufruf. »Die Meloni-Regierung folgt der Linie der Draghi-Regierung, der totalen Angleichung an die Diktate der USA und der NATO«. Die Eskalation des Krieges in der Ukraine mit der täglich wachsenden Zahl der Opfer laufe immer mehr Gefahr, sich in einen nuklearen Konflikt zu verwandeln. Dieser Krieg müsse beendet und auf dem Verhandlungsweg eine diplomatische Lösung durchgesetzt werden. Dem an einem Protestmarsch teilnehmenden Sekretär des sozialdemokratischen Partito Democratico und Ex-Regierungschef Enrico Letta schlugen »Kriegstreiber«-Rufe entgegen. Im Anschluss erklärte er dennoch: »Es war richtig, dort zu sein, auch wenn es kleinere Proteste gab.« Es sei eine große Demonstration mit den richtigen Worten gewesen.[155]

Am 2. Dezember wurde ein von den Basis-Gewerkschaften – von USB bis Sicobas, von Cub bis Sgb und von Cobas bis Unicobas – ausgerufener Generalstreik zur Kampfansage an die Regierung. Dieser verband den Kampf gegen den Krieg in der Ukraine mit den Protesten gegen die Abwälzung der Lasten der Energiekrise noch klarer. Der Demonstration von über 10.000 Menschen zur Piazza della Repubblica in Rom ging ein riesiges Banner »Waffen niederlegen, Löhne erhöhen« vorangetragen voraus. Im Streikaufruf hieß es: »In wenigen Wochen haben Meloni und ihre Verbündeten ihre reaktionäre und volksfeindliche Natur bekräftigt, die Einführung eines Mindestlohns abgelehnt, das Grundeinkommen abgebaut, demokratische Rechte angegriffen, Einwanderer kriminalisiert und die Unterdrückung sozialer und gewerkschaftlicher Konflikte ver-

155 ANSA, Il Manifesto, Contropiano, 5./6.11.2022. Vgl. auch: »Zehntausende Kriegsgegner demonstrieren in Italien«, in: junge Welt, 7.11.2022.

schärft«. Am Vortag war in Rom eine Kundgebung vor dem Montecitorio (dem Sitz der Abgeordnetenkammer) verboten worden, was die Proteste noch anheizte. Die Gemüter erregte ebenso, dass gerade neue Waffenlieferungen in die Ukraine beschlossen wurden, es aber im neuen Haushalt keine entsprechenden Mittelzuweisungen für die Verlängerung öffentlicher Arbeitsverträge gab. Im öffentlichen Dienst hatte die Regierung einen Inflationsbonus von 1,5 Prozent des Bruttogehalts zugestanden, was gerademal 21 Euro brutto im Monat waren, während die Gasrechnung um ein Vielfaches zu steigen drohte. Das Kommunistische Netzwerk des linken Magazins *Contropiano* forderte, aus dem »euroatlantischen Käfig« auszubrechen und angesichts der sozialen Verelendung darüber nachzudenken, dass »der Sozialismus wieder eine Alternative zur Herrschaft des Kapitals ist«. Das Netzwerk erinnerte an die Worte Antonio Gramscis, dass »der Faschismus das Land in den Ruin treibt, es Sache der Kommunisten sein wird, es wieder aufzubauen«. Kundgebungen fanden in Mailand, Genua, Bologna, Florenz, Bari, Neapel und zahlreichen weiteren Städten statt.[156]

Der Ausstand verdeutlichte ein weiteres Mal das Gewicht, das die Basisgewerkschaften als ein eingeführter antikapitalistischer Akteur jetzt in den Widerstand gegen den sozialen Crashkurs, den die Meloni-Regierung verschärft fortsetzt, einbringt. Mit der USB an der Spitze hatten die Basisverbände seit Januar 2022 bereits drei landesweite Generalstreiks, Arbeitsniederlegungen im Bankensektor, im Gesundheitswesen, an den Schulen und in Einrichtungen des öffentlichen Dienstes organisiert. Ihre Forderungen beschränkten sich nicht mehr auf soziale Fragen, sondern entwickelten zunehmend politisches Profil. Während eines »No Draghi Day« am 4. Dezember 2021 kritisierten sie den Regierungschef als Verantwortlichen für die neuen Angriffe »auf die Lebensbedingungen der finanziell schwächsten Schichten«, während gleichzeitig »die großen Unternehmen zusätzliche Finanzeinnahmen« generierten.

156 Il Manifesto, Contropiano, 3./4.12.2022.

Die Geburtsstunde der Basisverbände schlug, als in den 90er Jahren die drei großen Gewerkschaften CGIL, CISL und UIL zunehmend Kampfpositionen aufgaben und mit den Unternehmern »Sozialpakte« schlossen. Sie entstanden vorwiegend im öffentlichen Dienst, etwa bei der Post, im Transportsektor, Erziehungs- und Gesundheitswesen, aber auch in der Industrie. Bekannte Verbände sind die Federazione Lavoratori Metalmeccanici Uniti (FLMU), die Confederazione Cobas, ein Zusammenschluss von Cobas-Gruppen in Bildung und Erziehung. Als Basisorganisation versteht sich auch die Transportarbeitergewerkschaft SULT. Die USB entstand 2010 aus dem Zusammenschluss von RDB (Rappresentanze Sindacali di Base) und SdL (Sindacato dei Lavoratori), die beide zur konfliktreichen und unabhängigen Gewerkschaftsbewegung gehörten, die seit Jahrzehnten in Italien präsent waren. Mit inzwischen 250.000 Mitgliedern ist sie die führende, entschieden links stehende Basisgewerkschaft, die vielfach als nationaler Koordinator in den Arbeitskämpfen auftritt. Ihr Bundesvorstand, Pierpaolo Leonardi, ist Mitglied im Präsidialrat des Weltgewerkschaftsbunds (WGB).

Die Basisverbände lehnen die Privilegierung von Facharbeitern gegenüber Ungelernten ab, vertreten die Interessen aller Berufsgruppen und Beschäftigten, sind gegen Prekarisierung, für menschenwürdige soziale Grundsicherungen und bezahlbare Wohnungen. 2017 beteiligten sie sich zusammen mit Sozialzentren wie den »Je so'pazzo« (»Ich bin verrückt«) von Neapel und der No-TAV-Bewegung an der Gründung der antikapitalistischen Linkspartei Potere al Popolo (»Die Macht dem Volke«), mit der sie seitdem in den Kämpfen zusammenwirken.

Die Mitgliederzahl der USB steigt auch durch Zulauf aus den Reihen von CGIL, CISL und UIL. Die Aktionen der USB zwingen die Vorstände der großen Gewerkschaften immer öfter, sich ihnen anzuschließen. Unter dem Druck der USB wagten es alle drei Vorstände bisher nicht, einem im März 2022 von Arbeitgeberpräsidenten Carlo Bonomi und Premier Mario Draghi vorgeschlagenen neuen »Pakt für Arbeit und Sicherheit« beizutreten.

Von ihrem Potenzial zeugt, dass die USB vom 7. bis 8. Mai 2022 in Rom den 18. Kongress des Weltgewerkschaftsbundes (WGB) ausrichtete. Immerhin waren 435 Delegierte aus 133 Ländern, die die 105 Millionen Mitglieder des WGB vertraten, unterzubringen und zu betreuen. Weitere 300 Delegierte waren coronabedingt per Livestreaming zugeschaltet. Die globale Wirtschaftskrise, der verschärfte Kampf um die Kontrolle von Märkten und Energieressourcen sowie das von der NATO ausgehende Risiko eines großen Krieges, Militarisierung und Kriegswirtschaft standen im Mittelpunkt der Beratungen, zu denen Generalsekretär George Mavrikos (PAME/Griechenland) referierte. Zu seinem Nachfolger wählte der Kongress den Zyprioten Pampis Kyritsis, bisher Generalsekretär der Pancyprian Federation of Labour (PEO). Cinzia Della Porta und Pierpaolo Leonardi von der USB-Leitung wurden in das Sekretariat gewählt. Della Porta hielt in ihrer Rede fest, die kapitalistische Produktionsweise habe ihre Grenzen erreicht, das Weltkapital verfüge über keine Wachstumsbedingungen mehr und versuche, »mit militärischer Gewalt Marktanteile, Territorien und Arbeitskräfte zu stehlen«. Sie betonte die strategische Funktion des WGB, gegen Waffenlieferungen und gegen die NATO auf die Straße zu gehen, um den Klassenstandpunkt und die Rechte von Milliarden von Menschen auf der ganzen Welt zu verteidigen. Am Ende seiner Tagung beschloss der WGB, seinen Sitz von Athen nach Rom zu verlegen.[157]

Die Proteste verdeutlichen, dass es eine breit aufgestellte kampfbereite Basis gibt, die die Frage des Stellvertreterkrieges, den NATO und EU in der Ukraine gegen Russland führen, in den Mittelpunkt stellt. Hierüber ist Draghi zu Fall gekommen und der Widerstand dagegen könnte für Meloni, die ihn unvermindert fortsetzen will, zur echten Gefahr werden. Denn laut Umfragen lehnen ihn 60 % der Italiener ab. Das spiegelte sich in der breiten Protestbewegung gegen

157 »Arbeiter gegen Krieg. Weltgewerkschaftsbund tagt auf Kongress in Rom und warnt vor militärischer Eskalation«, in: junge Welt, 10.5.2022.

die Waffenlieferungen in die Ukraine, gegen die NATO-Mitgliedschaft, gegen NATO-Manöver, wider.

Die Breite der Friedensbewegung zeigte sich am Widerstand gegen den Ausbau der Militärbasis Coltano bei der Hafenstadt Pisa zu einem strategischen Stützpunkt einer »Eingreiftruppe« der EU. Im April 2022 kam es mehrfach zu Protesten von Gewerkschaftern, Lehrern und Schülern, Kommunisten sowie Linksdemokraten und der Partei Potere al Popolo, zu denen die USB aufrief. Sie entlarvten, dass zu der »Spezialeingreiftruppe« das 1. Carabinieri-Toskana-Fallschirmjägerregiment gehören sollte. Für schnelle Verlegungen war eine Eisenbahn zum Hafen von Livorno geplant, die allein 40 Millionen Euro kosten sollte. Die Friedensaktivisten wurden am 22. April durch einen landesweiten Streik gegen die italienische Beteiligung an dem durch westliche Waffenlieferungen und Ausbildung befeuerten Krieg in der Ukraine unterstützt, zu dem ebenfalls die USB aufgerufen hatte. Der Ausbau des Stützpunktes war am 21. März vom EU-Rat mit dem Dokument »Strategischer Kompass für Sicherheit und Verteidigung« beschlossen worden und sollte der »strategischen Autonomie« der EU dienen, enthüllte die USB. Laut dem Dokument plante man in Brüssel auch, eine europäische Inter-Force-Einheit für Feldinterventionen aufzustellen, deren Einsätze nicht mehr auf einer einstimmigen Zustimmung der Mitgliedsländer basieren sollten. Ziel sei, »gegenüber der angloamerikanischen Achse ein anderes spezifisches Gewicht als bisher geltend zu machen«, ein »Europa der Macht«, kommentierte, das Onlineportal *Contropiano*. Bei der Mobilisierung gegen den Bau der Militärbasis Coltano gehe es darum, »dem Hauptfeind, der für uns der europäische Imperialismus ist, Sand ins Getriebe zu streuen«.[158]

Einen Höhepunkt bildeten die Proteste gegen die NATO-Marinemanöver »Navy Open Sea 22«, die im Mai 2022 auf Sardinien stattfanden – unter der Losung »Gegen Militärbasen, gegen Waffenfabriken, gegen die NATO und gegen Kriege«. Sieben Mitglieds-

158 Contropiano, 20.4.2022.

länder mit mehr als 65 Kriegsschiffen, U-Booten, Flugzeugen, Hubschraubern und 4.000 Soldaten probten Landeoperationen für Überfälle »auf fremde Territorien«.[159] An Hand der »Expeditionary Advanced Base Operations« (Expeditionskriegführung) der US-Marine, zur Erweiterung des Aktionsradius der Seestreitkräfte und damit der Kontrolle über strategische Meere wurde, wie die sardische Zeitung *Il Riformista* schrieb, der unweigerliche Zusammenhang des Anwachsens der Spannungen zwischen »dem Atlantischen Bündnis und Moskau« in der Ukraine und im Schwarzen Meer deutlich. In der Zeitung *L'Unione Sarda* enthüllte Mauro Aresu, Aktivist der Friedensbewegung, dass der Krieg in der Ukraine »wahrscheinlich auch hier auf Sardinien vorbereitet« worden sei, »da die ukrainische Armee hier in den letzten Jahren genau im Hinblick darauf geübt« habe.

Der Vergleich mag hinken, aber in den Traditionen der Linken Italiens spielte die Antikriegsfrage immer eine entscheidende Rolle. Im Ersten Weltkrieg stimmten die italienischen Sozialisten als einzige westeuropäische Sektion der Zweiten Internationale gegen die Kriegskredite. Ihre Vertreter gehörten zu der von Lenin auf den Konferenzen 1915 und 1916 in Zimmerwald und Kiental formierten revolutionären Linken, die Stellung gegen den imperialistischen Krieg bezog.[160] Im Zweiten Weltkrieg bewirkten Kommunisten und Sozialisten mit Aktionisten, dass führende Kapitalkreise im Juli 1943 Mussolini stürzten, im September 1943 Italien mit einem Waffenstillstand aus dem Krieg gegen die UdSSR ausschied und im Oktober mit der Kriegserklärung an Hitlerdeutschland auf die Seite der Antihitlerkoalition übertrat. Es kann ein Hoffnungsschimmer sein, wenngleich die sowohl 1914/18 als auch 1943 starke mobilisierende Kraft der revolutionären Sozialisten bzw. Kommunisten heute fehlt, oder noch fehlt. Aber es kann für sie die Chance sein, sich stärker

159 ANSA, 17.5.2022.

160 »Was weiter«, »Sozialismus und Krieg«, Imperialismus und Sozialismus in Italien«, in: Lenin Werke, Bd. 21, Berlin (DDR), 1960, S. 96-103, 297-341, 361-371.

zu Wort zu melden. War doch unter den Anführern der Proteste der Vorsitzende der Sinistra Italiana (SI) Nicola Fratoianni, der erklärte »wir müssen in den ermüdenden Aufbau eines diplomatischen Auswegs investieren«. Er ist ein früherer Kommunist der Rifondazione Comunista (PRC) und arbeitet weiter mit ihr zusammen, wovon die Teilnahme nicht weniger ihrer Mitglieder wie auch die der anderen KPs (siehe Anhang) an den Protesten zeugte.

Noch finden allerdings die Kräfte der Opposition, die von den zersplitterten Linken – Kommunisten, Restsozialisten, Linksdemokraten, Grünen und weiteren Linken über den sozialdemokratischen Partito Democratico (PD) und die Fünf-Sterne-Bewegung (M5S) bis zum Zentrum, der Aktionspartei und ihrem »Dritten Pol« – reichen, zu keiner klaren Haltung im antifaschistischen Widerstand, geschweige denn zum gemeinsamen Handeln.

3. Gramsci heute

Wäre es nicht geboten, dass die Linken einmal nachlesen, was Antonio Gramsci ihnen heute noch zu sagen hat und wie man das schöpferisch unter den veränderten Kampfbedingungen anwenden könnte bzw. müsste. In seiner antifaschistischen Bündniskonzeption, die er 1926 auf dem illegalen Parteitag in Lyon vorlegte,[161] schätzte er ein, dass nach dem Machtantritt des Faschismus unter Mussolini die Frage der proletarischen Revolution zunächst nicht mehr auf der Tagesordnung stehe, die Arbeiterklasse nicht allein dessen Herrschaft beseitigen könne, dazu Bündnispartner benötige, deren Eigenständigkeit sie respektieren und den Kampf für den Sozialismus mit der Verteidigung bzw. der Eroberung der Demokratie verbinden müsse.[162] Gramsci hielt fest, dass die bürgerlichen

161 Sie war Bestandteil der »Thesen von Lyon«, die das Parteiprogramm waren, das von 90,8 % der Delegierten angenommen wurde.

162 Antonio Gramsci: Zu Politik, Geschichte und Kultur, Frankfurt a.M. 1986, S. 139 ff.

Bündnispartner eigene politische Ziele verfolgen, was seitens der KP (dafür muss heute wohl »der Linken« stehen) Zugeständnisse erfordere. Gleichzeitig betonte er, was oft übersehen wird, es müsse sich um einen »ausgeglichenen Kompromiss« handeln, bei dem die Zugeständnisse der Kommunisten (auch das müsste wohl heute für entschiedene Linke weiter gelten) »nicht das Wesentliche«, nämlich »die entscheidende Rolle (...), die ökonomischen Aktivitäten der führenden Kraft« betreffen dürften, worunter Gramsci die Beseitigung der kapitalistischen Gesellschaft und die Herstellung einer sozialistischen Ordnung verstand.[163]

Den Kern der Bündniskonzeption Gramscis bildete der »Historische Block«, ein System von Bündnissen der Arbeiterklasse mit bürgerlichen Kräften wie den Mittelschichten und der Intelligenz, in dem er dem Zusammengehen mit den katholischen Volksmassen einen hohen Stellenwert beimaß.

Von einem entscheidenden Einfluss der in vier Parteien gespaltenen Kommunisten (siehe Anhang) kann derzeit keine Rede sein, wenngleich sie in den Kämpfen aktiv vertreten sind. Ihre Mitglieder bringen sich in Bündnisse ein, unterstützen die Aktivitäten von Umweltaktivisten sowie der Bewegung gegen den Bau der Hochgeschwindigkeitstrasse zwischen Turin und Lyon (TAV). Sie beteiligen sich an Streiks und Aktivitäten der Gewerkschaften, besonders denen der Unione Sindacale di Base (USB), oder der Sozialzentren.

Zu den Wahlen im September 2022 traten sie landesweit, teils in Bündnissen mit der Sinistra Italiana und den Verdi oder denen der von Potere al Popolo gebildeten Unione popolare (Volksunion) an. Letztere erreichte bei der Wahl zur Abgeordnetenkammer 372.294 Stimmen (1,13 %). Allerdings ist anzumerken, dass Potere kein organisatorisches Bündnis mit allen kommunistischen Kräften ist, sondern nur mit dem PRC. Aus anderen KPs beteiligen sich deren Mitglieder lediglich, um dort ihren Standpunkt zur Geltung zu

163 Gramsci, Gefängnishefte, Turin 1975, S. 1551.

bringen, was als eine Ursache dafür gesehen wurde, dass es nicht gelang, die 3 %-Hürde zu überwinden und ins Parlament einzuziehen.

Potere al Popolo hatte sich im Mai 2022 auf einer italienweiten Versammlung zu einem sozialistischen Weg als »einer Frage des Überlebens der Menschheit« bekannt. Ihre Sprecher Giuliano Granato und Marta Collot verwiesen darauf, dass »der Sozialismus die Massen anzog, weil er einen Horizont bot«, und bekundeten, es gehe darum, dieses Sendungsbewusstsein und die Präfiguration »der Welt, die wir uns wünschen, zurückzuerobern«.[164] *Contropiano* griff die Debatte auf und schrieb zum 38. Todestag Enrico Berlinguers am 11. Juni 2022: die Linken sollten an seinem Erbe als Kommunist, als Mann Togliattis und damit Gramscis anknüpfen und in seiner »demokratischen Alternative«, das heißt »einer Zusammenarbeit und Verständigung kommunistischer und sozialistischer Volkskräfte mit denen katholischer Inspiration« Lehren für die Gegenwart entnehmen. Berlinguer sei »kein gescheiterter Kommunist«, sondern ein in seiner Regierungszusammenarbeit mit der Partei der Großbourgeoisie »gescheiterter Reformer«, was als eine deutliche Absage an die von dem sozialdemokratischen Partito Democratico (PD) und der Fünf-Sterne-Bewegung betriebene Teilnahme an der Regierung des früheren EZB-Chefs Draghi, obendrein mit Faschisten der Forza Italia (FI) Berlusconis und der Lega Salvinis, zu sehen war. Giuliano Granato betonte zum Abschluss der Potere-Tagung, dass im Kampf gegen das kapitalistische System die Zusammenarbeit und die Einheit mit anderen politischen und sozialen Kräften ein Erfordernis ist, betonte aber, dass die heutige Situation kurzfristig nicht gelöst werden kann.

Vom wachsenden Einfluss von Potere al Popolo unter den Linken zeugte am 20. November 2022 ein in Mailand von ihr ausgerichtetes Treffen kommunistischer, sozialistischer und linker Parteien und Organisationen aus Europa, der Türkei und Südostasien,

164 Contropiano, 28.5.2022.

um, wie es hieß, über die internationale Vernetzung Erfahrungen auszutauschen und die Interessen der Arbeiterklasse wieder in den Vordergrund zu rücken. Vertreten waren Teilnehmer u. a. aus Griechenland, der Türkei, Südkorea und den Philippinen. Aus Italien nahmen Rifondazione Comunista (PRC) und der PCI teil, dessen Sekretär Mauro Alboresi über die Antikriegsaktionen in Italien für die Beendigung der Waffenlieferungen an die Ukraine und der Sanktionen sprach.[165]

Eine Tagung der Volksunion im Dezember steckte zwar einen breiten Bündnisrahmen ab, wich aber von ihrer Haltung zu den KPs, ausgenommen der teilnehmende PRC, nicht ab. Luigi de Magistris nannte als Ziel, die Union zur »am stärksten gesellschaftlich verwurzelten Opposition gegen die rechte Regierung und die neoliberale Politik, gegen Unterdrücker und Ausbeuter, zum Aufbau einer Friedenspolitik gegen Kriege, für soziale, wirtschaftliche und ökologische Gerechtigkeit« zu machen. Der teilnehmende Guido Lutrario von der USB-Leitung betonte, die Arbeiter stünden dazu bereit, seien aber bisher ignoriert worden, ohne sie gebe es aber keinen erfolgreichen Kampf. Die Tagung griff die Haltung von M5S-Leiter Conte gegen den Krieg in der Ukraine auf.[166] Mit Ausnahme der Kommunistischen Arbeiterpartei (PCL) sprechen sich alle KPs für eine breite Linke aus, verzichten dabei auf Führungsansprüche.

Unter den beiden Hauptkräften der bürgerlichen Mitte – dem sozialdemokratischen Partito Democratico und der Fünf-Sterne-Bewegung beansprucht der PD die Rolle als führende Kraft der Opposition. Dabei hatte er in der Wahlkampagne ein Bündnis mit M5S abgelehnt, was zur Hauptursache der Niederlage der so gespaltenen Mitte-links-Kräfte führte. Einen Rücktritt lehnte PD-Vorsitzender Letta ab, kündigte nur einen Parteitag für März 2023 an, auf dem er zur Wiederwahl nicht antreten werde.

---

165 »Kampf von unten. Kommunistische Parteien auf Konferenz in Mailand. Startschuss für gemeinsame Vernetzung«, in: junge Welt, 24.11.2022.

166 Contropiano, 6.12.2022.

Nachdem die Partei über zwei Monate in einer regelrechten Agonie verharrte, ließ die kaum bekannte 37-jährige Elena »Elly« Schlein verlauten, sich zur Wahl als Nachfolgerin Enrico Lettas zu bewerben. Der neue PD-Chef bzw. die Chefin wird (nach US-Vorbild) in sogenannten Vorwahlen, an denen auch Nichtmitglieder teilnehmen können, gewählt und dann auf dem Kongress im März, der zum Neugründungsparteitag erklärt wurde, bestätigt. Die potentielle Kandidatin, die der britische *Guardian* als »aufgehenden Stern der italienischen Linken« bezeichnete, ist die in der Schweiz geborene Tochter einer Italienerin und eines US-Bürgers, wurde 2014 in das EU-Parlament gewählt, trat jedoch 2015 aus Protest gegen den rechten Kurs von PD-Chef und Premier Matteo Renzi (inzwischen Leiter der abgespaltenen Partei Lebendiges Italien, IV) zwischenzeitlich aus der Partei aus.

Im Interview für *La Repubblica* vom 18. November legte sie dar, wie sie gedenke, die Neugründung aufzumischen. Danach wollte sie eine mutige Debatte über die Veränderung des jetzigen Entwicklungsmodells, das nicht funktioniert, anstoßen. Diese dürfe nicht nur innerhalb der politischen Klasse, sondern müsse mit den Menschen in der Gesellschaft stattfinden, um die Dissonanzen der letzten Jahre, die zu Spaltungen und bei vielen linken Wählerinnen und Wählern zur Entfremdung geführt haben, zu überwinden. Die Linke habe bisher nicht die großen Transformationen aufgegriffen, die in der Gesellschaft Angst auslösen: steigende Armut, Auswirkungen der technologischen Innovationen auf die Arbeitswelt, den Klimanotstand, der den Planeten bedroht. Sie forderte, die sozialen Fragen, die Wahrnehmung von Arbeiterrechten, aufzugreifen und entschieden zu vertreten. Sie kritisierte, dass das ungerechte Wahlgesetz hingenommen wurde, das die Rechte, die Koalitionen bildete, begünstigte, während bei der Linken innere Zerrissenheit und die Unfähigkeit, mit einer gemeinsamen Vision anzutreten, zu einer herben Niederlage geführt habe. Auf das von Letta abgelehnte Bündnis mit M5S ging sie nicht ein. Auch zum vom PD unterstützten Krieg in der Ukraine hielt sie sich zurück und erklärte, das

»muss das Parlament erörtern«, fügte aber an, die politischen und diplomatischen Anstrengungen der EU müssten sich auf eine Feuerpause und eine Friedenskonferenz konzentrieren. Der Frieden müsse den Prinzipien des internationalen Rechts wieder Geltung verschaffen, die Putin verletzt habe.

Im Herbst 2022 kandidierte sie als Nichtmitglied und Unabhängige auf der Liste des PD und zog in die Abgeordnetenkammer ein. Am 4. Dezember 2022 gab Schlein ihre Bewerbung offiziell bekannt. Sie hatte dazu den römischen Stadtteil Monk, einen Veranstaltungsort und Schauplatz von CGIL-Veranstaltungen, ausgewählt. Ihre Bewerbung für die Nachfolge Enrico Lettas an der Spitze des PD nannte *Manifesto* die »Letzte U-Bahn« für die im Sinkflug steckende Partei. Den Versuch, den PD an Prodi (der noch mit Kommunisten regierte) orientiert, zu einer Mitte mit starker sozialdemokratischer Ausrichtung zu machen, habe Renzi zum Scheitern gebracht. Sie wolle zu dieser Orientierung zurück und erklärte, mitten im Publikum mit Jeans und weißen Turnschuhen stehend, die Partei müsse wieder erkennbar werden für ihre enttäuschte Basis: sozial, ökologisch, inklusiv, links, weltoffen, progressiv. Sie könnte als Frau zur Gegen-Meloni werden. Aber sie dringe, so *Manifesto*, ins heidnische Kloster der Demokratischen Partei ein, das ein Kloster sei, in dem Häresien nicht zugelassen werden, es sei denn, in Strömungen seiner Majestät.[167]

Die neue PD-Chefin steht vor der Herausforderung zu klären, ob in dem von der Führung her sich grundsätzlich als Interessenvertreter des Kapitals verstehenden PD (siehe Anhang) antifaschistische und auf die Verteidigung der Bürger- und Arbeiterrechte gerichtete Positionen und auf dieser Grundlage ein Zusammengehen mit linken Kräften, die Kommunisten eingeschlossen, wieder durchgesetzt werden können. Charakteristisch für den Zustand in diesem aus einem Zusammenschluss von Democratici di Sinistra (Linksdemokraten), wie sich der PDS umbenannt hatte, mit der katholischen

167 Il Manifesto, ANSA, 6.12.2022.

Zentrumspartei Margherita hervorgegangenen Mischmasch, ist, dass er nur noch von der Basis her einen Hauch sozialdemokratischen Anstrich hat, während die Partei seit 2013 von früheren rechten Christdemokraten wie Matteo Renzi und jetzt wieder Enrico Letta geführt wird. Das ist in etwa so, als wenn sich ein Flügel der deutschen CDU mit Fraktionen der SPD und der Linkspartei vereinigt hätte und ein Armin Laschet ihr Vorsitzender wäre.

Um die auch durch Bestechungs- und Vorteilsnahmeaffären »traumatisierte Demokratische Partei« unter Kontrolle zu halten und ein Abdriften nach links zu verhindern, beriet der noch amtierende PD-Chef Letta mit den Bewerbern für seine Nachfolge – Bonaccini, Schlein und De Micheli – am 22. Dezember, wie die Partei zu führen sei. Zur Diskussion stand ein »Wertemanifest«, nach dem der PD »in Analyse, Projekt, Programm, Rolle, Form und damit Identität der Demokraten tiefgreifend, sogar radikal, innovativ sein« müsse, aber ohne die Wurzeln der Demokratischen Partei (die bei Gründung im Bekenntnis zum Bündnis von Arbeit und Kapital bestanden) »zu berühren«. Bonaccini erklärte dazu: »Wir müssen eine Partei sein, die den Gegner nicht verteufelt: Wenn ich zum Sekretär gewählt werde, werde ich sofort zu Meloni gehen, um zu sagen, dass wir als Opposition statt eines »Nein« stets eine Alternative unterstützen werden.«[168] Es fragt sich welche Alternative das sein sollte, aber klar ist, dass dies von vornherein den Verzicht auf eine antifaschistische Opposition und die Bereitschaft zur Kollaboration mit Meloni bedeutet hätte.

Da an den PD-Vorwahlen auch Nichtmitglieder und damit auch Sympathisanten von M5S teilnehmen können, war es der Fünf-Sterne-Partei möglich, Einfluss auszuüben. Giuseppe Conte reagierte auf die Vorstellungen von Elly Schlein und erklärte, dass die Pentastellati (Sterne) bereit sind, »mit den anderen politischen und gesellschaftlichen Kräften zusammenzugehen«, aber nicht »beabsichtigt, Werte und Prinzipien zu verhandeln« (die bekanntlich

168 Il Manifesto, 19. u. 22.12.2022.

die Ablehnung der militärischen Unterstützung der Ukraine durch Italien einschließen). Zuerst müsse man sich über die Programme einigen, dann könne man über die Kandidaten sprechen.[169]

Der Leiter der Zentrumspartei und des Dritten Pols, Carlo Calenda, lehnte, wie schon im Wahlkampf auch in der Opposition, ein Bündnis mit dem PD ab und suchte Anschluss an die Regierungskoalition. Am 30. November fand auf seine Bitte ein Treffen mit Meloni statt, von dem nur verlautete, Calenda habe Vorschläge zum Haushalt unterbreitet. Zu seiner Äußerung, der PD sei »nicht in der Lage, eine politische Strategie zu entwickeln«, entgegnete Letta, die Neugründung des PD werde »eine pro-europäische Demokratische Partei« sein, die mit ihren acht Jahren an der Regierung widerspruchsfähig ist« und sich auf die Ära nach Meloni vorbereite. Die FdI-Führerin suche bereits jetzt einen Ersatz für die unzuverlässige Forza Italia. Berlusconi und Calenda wollten ihren Platz einnehmen.[170]

Zu den Vorwahlen am 26. Februar trat Elly Schlein gegen den zu den Rechten im PD zählenden Amtsinhaber, den Präsidenten der Reggio Emilia, Stefano Bonaccini, an und gewann überraschend mit 53 %. Der Parteitag am 12.März bestätigte sie im Amt und berief Bonaccini als Präsidenten. Die Bekanntgabe war von anhaltendem Applaus begleitet, berichtete *ANSA*, die hervorhob, dass mit dem Präsidenten der Emilia eine »prestigeträchtige nationale Person« an die Parteispitze komme.

Diejenigen, die auf das Ende der Demokratischen Partei gesetzt hatten, »haben verloren«. »Wir sind immer noch hier, stärker und vereinter, und das wird ein neuer Frühling für uns«, sagte Schlein. Sie rief dazu auf, »die parteiinternen Konflikte, die uns kostbare Energien rauben, endgültig zu beenden, um statt dessen eine Alternative zu den Rechten, die dieses Land regieren, aufzubauen«.

Obwohl Schlein mit ihrem Kurs der Interessenvertretung der sozial Schwachen und der Bekämpfung des Neoliberalismus den

169 Ebd., 27.11.2022.

170 Fatto Quotidiano, 2.12.2022.

Kapitalismus nicht grundsätzlich in Frage stellte, Waffenlieferungen an die Ukraine nicht ablehnte, lediglich verbal eine Verhandlungslösung zur Beendigung des dortigen Krieges ansprach, hatten bürgerliche Medien, aber auch rechte PD-Kreise, wie *Il Manifesto* berichtete, vor der Bestätigung der Wahl Schleins auf dem Kongress die Angst geschürt, dass mit ihr eine »gefährliche Bolschewikin« an die Spitze des PD komme, die den »Jobs Act«, die Beseitigung des Kündigungsschutzes für einen Großteil der Arbeiter, ablehne und für eine Rückkehr zu Antonio Gramsci stehe. Schon ein gemeinsames Foto mit Fünf-Sterne-Chef Giuseppe Conte und CGIL-Generalsekretär Maurizio Landini habe Schrecken verbreitet. Es könne »eine soziale Koalition« entstehen, die von einer »noch nicht endgültig entmutigten Linken, die nicht Teil des PD ist, aber hinter den Vorschlägen von Schlein steht, unterstützt wird«.

Um diese Auseinandersetzungen nicht auf dem Kongress auszutragen, habe Schlein mit Bonaccini einen »Deal geschlossen« und seiner Forderung entsprochen, ihn »als Präsidenten vorzuschlagen«, so *ANSA*. Die Funktion des Stellvertreters habe Bonaccini abgelehnt, da sie ohne Einfluss sei. Der Präsident habe eine Garantenrolle, dass es »eine einheitliche Führung der Partei geben wird«. Wir »konnten es uns wirklich nicht leisten, Spaltungen oder Reibungen zuzulassen, das hätte niemand verstanden«, verlautbarte Schleins Team. Die Einigung über die Parteiführung hält vorerst. Bonaccinis Stellvertreter sind zwei PD-Vertreter, die Schlein nahestehen: die Abgeordnete Chiara Gribaudo und die Präsidentin des apulischen Regionalrats, Loredana Capone.

Der Exkommunist und PD-Mitbegründer Walter Veltroni äußerte die Hoffnung, dass Schlein »die Demokratische Partei zu ihrem Ursprung zurückführen kann: als linke Partei, die in der Lage ist, eine Mehrheit der Wähler zu gewinnen«. Wie verlautete, will die von Pier Luigi Bersani, auch er früher Kommunist, mitbegründete, etwa 10.000 Mitglieder zählende Gruppe »Articolo Uno«, die 2017 aus Protest gegen den sozialfeindlichen Kurs des damaligen PD- und Regierungschefs Matteo Renzi den PD verlassen hatte, wieder zu ihm zurückkehren. Zum positiven Echo gehört laut *ANSA*, dass seit der Wahl Schleins am 26. Februar die Zustimmungswerte zum PD auf 19 Prozent gestiegen sind, das ist ein Plus von 2,6 Prozent seit der Wahl im September 2022. Damit ist der PD zweitstärkste Partei nach Giorgia Melonis »Fratelli d'Italia«, während die »Fünf-Sterne-Bewegung« mit 15,7 Prozent (minus 1,3) auf den dritten Platz zurückfiel.

Mit der Bemerkung, dass die »Glasdecke nicht von allein breche«, sagte Schlein auf dem Kongress Meloni den Kampf an, deren Politik der für Hilfesuchende geschlossenen Grenzen sie mit Blick auf die Nachricht von einem weiteren tödlichen Schiffsunglück im Mittelmeer »unmenschlich« nannte. Andere Oppositionskräfte forderte Schlein zur Zusammenarbeit auf.[171]

Den vom 15. bis 18.März in Rimini tagenden XIX. CGIL-Kongress, dessen 986 – je zur Hälfte männliche und weibliche – Delegierte unter dem Motto »Arbeit schafft Zukunft«, berieten, wie der Kampf gegen soziale Unterdrückung und Ausbeutung *für* Gleichheit und Gerechtigkeit der arbeitenden Menschen zu verstärken ist, nutzte Schlein, die 5,7 Millionen Mitglieder der Solidarität des jetzt links ausgerichteten PD zu versichern. »Wir werden für einen Mindestlohn kämpfen; weil es mehr als drei Millionen Arbeitnehmer gibt, die arm sind, selbst wenn sie arbeiten«, rief sie unter langem stürmischem Beifall aus. Ihr Appell an die Opposition, gemeinsam dafür den Kampf zu führen, schien auf Zustimmung zu stoßen, denn die Leiter von M5S, Giuseppe Conte, Dritter Pol, Carlo Calenda, und Sinistra Italia, Nicola Fratoiani, trafen später mit ihr und Landini zusammen. Anschließend begab sich Schlein nach Mailand, wo sie an einer Kundgebung von rund 10.000 Angehörigen von Regenbogenfamilien, die gegen die Ablehnung der Registrierung der Kinder gleichgeschlechtlicher Elternpaare durch die Regierung protestierten, teilnahm. Sie kündigte an, ein Gesetz einzubringen, das

171 Zurück zu Gramsci Demokratische Partei Italiens tagte und sieht sich mit neuer Führung im Aufwind, in: jungeWelt, 12.3.2023.

das Recht homosexueller Paare gesetzlich anerkennt und ihren Kindern mehr Rechte gewährt. An der Ausarbeitung des vom PD unterzeichneten Gesetzes haben die Rainbow Families und das Lenford Network mitgewirkt.[172]

Versuche, den Rechtsdrall im PD zu stoppen und eine auf die linke Basis gestützte Wende herbeizuführen, liefen bisher stets ins Leere. Zuletzt hatte der im März 2019 zum neuen Parteisekretär gewählte Regierungschef der Region Latium, Nicola Zingaretti, angekündigt, der PD müsse sich wieder stärker links ausrichten. Er scheiterte am Widerstand der rechten, von Renzi angeführten Fraktion. Im März 2021 trat er zurück. Zu seinem Nachfolger wurde Enrico Letta gewählt. Parteiintern verlautete, Zingaretti habe dessen Wahl empfohlen, um Matteo Renzi, der ebenfalls kandidierte, zu verhindern.

Es bleibt abzuwarten, ob es Schlein gelingt, ob ihr kühner Versuch, wenigstens im sozialen Bereich und im gemeinsamen Zusammenwirken mit der Opposition gegen die Koalition Melonis Erfolge zeitigt. Und sie dürfte gut beraten sein, in der Ukrainefrage flexibel zu agieren, auf Distanz zum Kurs Melonis, der Unterstützung Selenskyjs »bis zum Sieg über Russland« zu gehen und zumindest verbal die Aufnahme von Verhandlungen zu unterstützen.

Im Konglomerat der Opposition nimmt Giuseppe Conte als bürgerlicher Politiker, der die Herrschaft des Kapitals nicht in Frage stellt, mit seiner Opposition gegen Meloni eine beachtenswerte Position ein. Der zunächst parteilose Jura-Professor mit Anwaltskanzlei war von Juni 2018 bis zum Februar 2021 Premier, zuerst einer Regierung der M5S mit der Lega, danach ab August 2019 einer der linken Mitte mit PD, M5S und der Linkspartei LeU. Obwohl er dem Vernehmen nach die rassistische Lega zügeln sollte, erließ er das von Salvini eingebrachte Gesetz zur Flüchtlingsabwehr und Migrantenverfolgung, das aber auch Draghi später nicht anrührte. Um die Linke Mitte Contes zu stürzen, zog Matteo Renzi, der sich inzwischen

172 Il Manifesto, 18.3.2023.

mit seiner Fraktion vom PD abgespalten und eine rechts orientierte Zentrumspartei Lebendiges Italien (IV) gebildet hatte, seine Minister aus der Regierung zurück, worauf Conte keine Mehrheit mehr besaß und zurücktrat. Renzi hatte damit den Weg für Draghi frei gemacht. Conte verblieb mit M5S in der Draghi-Regierung, vollzog aber mit Beginn des Krieges in der Ukraine eine Wende und bezog de facto Antikriegspositionen. Er lehnte Waffenlieferungen in die Ukraine und deren Unterstützung bis zu einem Sieg über Russland ab und trat für eine Verhandlungslösung ein. Parallel dazu berücksichtigte er die linke Basis seiner Partei und forderte stärkere Zuschüsse für die durch die steigenden Energiekosten betroffenen Arbeiter und Mittelschichten und kündigte an, sonst werde M5S aus der Regierung austreten. Als es dann im Parlament zur Vertrauensabstimmung kam, stimmten die Abgeordneten des M5S gegen Draghi oder enthielten sich. Zwar bezog Melonis Brüderpartei dieselbe Position, aber die Verantwortung für den Sturz Draghis wurde Conte angelastet, was sich für ihn bei der Wahl am 25. September auszahlte. Zumal die rechte Fraktion im M5S unter Außenminister Luigi Di Maio danach mit etwa 60 Parlamentariern die Partei verließ und eine eigene neue Partei namens Insieme per Il Futuro (Gemeinsam für die Zukunft) bildete. Die so erfolgte Schwächung der Sternebewegung erwies sich im Grunde für sie als eine Stärkung, weil die linke Ausrichtung der Basis wieder mehr zur Geltung kam. Nach dem Fall Draghis übernahm Conte die Führung der Fünf-Sterne-Partei und drängte dabei den rechten Einfluss Grillos (siehe Anhang) zurück. Dass die Partei, die für ihre Regierung mit der faschistischen Lega 2018/19 von den Wählern abgestraft und von 32 % 2018 zuletzt bei Kommunalwahlen auf 7 % abgesunken war, vor allem durch Wähler aus der Antikriegsbewegung am 25. September doch noch auf etwa 17 % kam, war ganz offensichtlich das Ergebnis der Antikriegshaltung Contes.

Quo vadis, Italia?

Als Chef der ersten Regierung unter Einschluss der Neofaschisten der AN wurde Berlusconi nach 226 Tagen, am 21. Dezember 1994, mit Generalstreiks und Massendemonstrationen zu Fall gebracht. Im Parlament stellten PRC und PDS, aber auch die Lega, die damit aus der Regierungskoalition ausschied, einen Misstrauensantrag. Noch während der Vertrauensdebatte trat Berlusconi angesichts der unvermeidlichen Abstimmungsniederlage zurück.[173] Über die Kräfte, die Berlusconis Regierung mit den MSI/AN-Faschisten 1994 zu Fall brachte,[174] verfügt die Opposition gegen Meloni heute in keiner Weise. Doch sind zwei Gesichtspunkte hervorzuheben: Berlusconi stürzte vor allem über seinen rigorosen Sozialabbau, der sich im Haushalt für 1995 niederschlug, und darüber dass die Lega aus der Regierung ausschied. Sie war Interessenvertreter führender Industriekreise um FIAT, die sich von Berlusconi, der als reichster Kapitalist von Anfang an in die eigene Tasche wirtschaftete, ausgebootet sahen. Neben dem Antikriegsfaktor, der heute beim Widerstand gegen Meloni hinzukommt, formiert sich die Opposition auch diesmal vor allem gegen den hemmungslosen Sozialabbau.

Das bereits angeführte linksliberale *Fatto Quotidiano* (2.12.2022) könnte dahingehend richtig liegen, dass Meloni nach ihrem Lavieren und den Kehrtwenden gegenüber Brüssel auch koalitionsintern versuchen könnte, den unzuverlässigen Berlusconi mit seiner FI aus der Regierung auszuschalten und durch den Zentrumspolitiker, den

---

173 Gerhard Feldbauer: Geschichte Italiens. Vom Risorgimento bis heute, 2. Aufl., Köln 2015, S. 279 ff.

174 Zur vereinten linken Mitte gehörten die in einer Partei, dem PRC, vereinten Kommunisten, die bei der Wahl 1994 6,1 % der Wählerstimmen erhielten.

Leiter der Azionepartei und des »Dritten Pols« Calenda, zu ersetzen. Das wäre fast eine halbe Rückkehr zu Draghis Regierung der »nationalen Einheit« und würde Melonis Regentschaft ein demokratisches Outfit verleihen. Umfragen des Meinungsforschungsinstituts Radar Swg scheinen diese Absicht zu bestätigen. Danach hat sie in der Koalition ihre Stellung ausgebaut und ihre FdI haben von 26 % auf 30,6 % zugelegt, die Lega kam von 8,8 auf 9 %, während die Forza Italia von 8,1 auf 6,1 % absank. Der PD wurde abgestraft und verlor rund 5 % auf 14,7 %, während die entschiedene Opposition von M5S mit einem Zuwachs von 15,4 auf 17, 4 % honoriert wurde, der ihn auf Platz Zwei in der Wählergunst brachte. Bei der Abstimmung über ihren Haushalt 2023, die sie vorsichtshalber mit der Vertrauensfrage verband, erhielt sie in der Abgeordnetenkammer nach Rücknahme einzelner Abschnitte Zustimmung, ebenso im Senat.[175]

Während Meloni in der Bündnisfrage manövriert, hält sie an der rigorosen Unterdrückung jeweden Widerstandes gegen ihren sozialen Crashkurs fest: Verbot von Protesten in Rom gegen ihren Haushalt vor dem Montecitorio (Sitz der Abgeordnetenkammer), Zurückweisung der Forderungen, selbst der moderaten der CGIL und UIL sowie der kompromissbereiten CISL, die eine Teilnahme am geplanten Generalstreik ablehnte,[176] oder ihr Festhalten an der Klage gegen Saviano in der Migrationsfrage.

Andererseits: Nach Äußerungen von *Fatto Quotidiano* oder *Manifesto* sitzt Meloni so fest gar nicht im Sattel. Dafür spricht, dass sie die angekündigte Errichtung eines Präsidialregime noch nicht in Angriff genommen hat. Das würde einen offenen Angriff auf die Verfassung bedeuten, und sie müsste mit einem Widerstand rechnen, wie er im Januar 2022 gegen die Kandidatur Berlusconis für das Amt des Staatspräsidenten geleistet wurde. Höhepunkt dieser Proteste war ein Appell der Stiftung Lelio Basso und seiner Ehefrau Lisli, eines der renommiertesten internationalen Forschungs- und

175 ANSA, 23.12. u. 27.12.2022.

176 »Gewerkschaften uneins«, ANSA, 7.12.2022.

Kulturvermittlungszentren,[177] der von über 350 Persönlichkeiten, darunter zahlreiche namhafte Juristen mit drei ehemaligen Präsidenten des Verfassungsgerichts an der Spitze, unterschrieben wurde.[178] Er erinnerte, dass der Mann aus Arcore[179] früher Mitglied der P2-Loge war,[180] deren Ziel die Errichtung einer verfassungsfeindlichen Diktatur faschistischen Typs war, der wegen schwerer Korruptionsdelikte verurteilt wurde. Und der, unbesehen der Freisprüche wegen Verjährung, in Strafverfahren weiter beschuldigt wird. So soll er auf Orgien bezahlten Sex mit minderjährigen Prostituierten gehabt haben. Die Unterzeichner des Appells erklärten, dass »die Kandidatur von Silvio Berlusconi für den Quirinale[181] eine Verletzung der Würde der Republik und von Millionen italienischer Bürger« ist.[182]

Erst auf ihrer Pressekonferenz am 29. Dezember erwähnte Meloni eher beiläufig, das Thema Verfassungsreform behalte »Priorität«, werde demnächst unter Einbeziehung der Opposition beraten und schränkte ein, man könne auf die Abschaffung des Senats verzichten und beim »Zweikammersystem« bleiben.

Im Raum steht weiterhin, dass Ex-Premier Draghi bei einem vorzeitigen Rücktritt Präsident Mattarellas[183] dessen Nachfolge an-

---

177 Lelio Basso war nach 1945 ein führender Vertreter des linken Flügels der ISP, der die Partei, nachdem sie 1963 in die von dem DC-Vorsitzenden Aldo Moro gebildete bürgerliche Regierung eingetreten war, verließ und sich maßgeblich an der Gründung des Partito Socialista Italiano di Unità Proletaria (PSIUP), der von 1964 bis 1972 bestand, beteiligt. Siehe G. Feldbauer, a. a. O., S. 183 f.

178 Valerio Onida, Gustavo Zagrebelsky und Gaetano Silvestri.

179 Villa Berlusconis bei Mailand.

180 Konkret war er Mitglied ihres Dreierdirektoriums (siehe Anhang).

181 Amtssitz des Staatspräsidenten.

182 Veröffentlicht u. a. in: Fatto Quotidiano, 17.1.2022.

183 Mattarella, wollte im Januar 2021 nicht für eine zweite Amtszeit kandidieren. Um eine Wahl Berlusconis zu verhindern trat er dann dennoch an. Dabei erklärte der 87-Jährige, er wolle nicht die ganze sechsjährige Zeit im Amt bleiben und deutete einen Rücktritt nach den ursprünglich für Frühjahr 2023 vorgesehenen Wahlen an.

treten soll. Das möchte Meloni offensichtlich abwarten. Zwischendurch äußerte Draghi, dass er »weder in Italien noch im Ausland an politischen oder institutionellen Ämtern interessiert« sei, vergaß nicht, Meloni »als fähige Führerin« zu loben, die »ein starkes Wahlmandat erhalten« habe, und zeigte sich überzeugt, dass »die derzeitige Regierung ebenso engagiert ist« wie die seine.[184] Nun sind solche Dementis bekanntermaßen nicht viel Wert und es scheint eher, dass Draghi darauf setzen will, dass ihm bei einer Wahl ins Präsidentenamt seitens Meloni eine zuverlässige Mehrheit garantiert wird. Diesem Ansinnen sollte wohl das Lob für sie dienen. Gelingt das Manöver, könnte ihr Förderer dann in diesem Amt weiter seine schützende Hand über sie halten und auf die weitere Entwicklung Einfluss nehmen. Zu berücksichtigen bliebe auch, dass inzwischen unter der neuen PD-Sekretärin Schlein stärkerer Widerstand zu erwarten wäre. Hinzu käme auch die auf dem CGIL-Kongress sichtbar gewordene Annäherung der beiden führenden Oppositionskräfte PD und M5S.

Zu einer zentralen Frage in der Auseinandersetzung mit dem faschistischen Regime unter Meloni wird zweifelsohne der Ukraine-Krieg werden. Das wird zu einer weiteren offenen Flanke für Meloni. In dieser Frage dürfte Conte, wenn er weiter die Fünf-Sterne-Partei mehrheitlich hinter sich bringt, zu ihrem zentralen Gegenspieler werden. Der hat nach der Wahlniederlage der Linken Mitte mehrfach seine Haltung bekräftigt, keine Waffen mehr in die Ukraine zu liefern und für Verhandlungen einzutreten. Ende November stimmte M5S zusammen mit Sinistra Italia und den Verdi (Grünen) im Parlament gegen den von der Meloni-Regierung vorgelegten Beschluss, bis Ende 2023 die Waffenlieferungen in die Ukraine fortzusetzen und die Militärausgaben bis 2028 auf 2 % des BIP zu halten. Conte bekräftigte seine Haltung: »Wir können nicht weiter an eine illusorische Niederlage Russlands denken«, die Regierung beziehe eine kriegsantreibende Linie mit »Waffen bis zum

184 Corriere della Sera, ANSA, 22.12., 23.12.2022.

bitteren Ende und Nullverhandlungen«, es sei »keine Spur von Diplomatie zu sehen« und forderte stattdessen »von der Nato und der EU einen Richtungswechsel – »insbesondere auch von Italien«.[185] Fasst man zusammen, dann entspricht Contes Haltung Kapitalkreisen, die schwer von den Rückwirkungen der Sanktionen betroffen sind, darunter vor allem mittelständische Unternehmen, die an einer Beendigung des Kriegs in der Ukraine interessiert sind. Dass sich der PD unter Schlein und Bonaccini dieser Haltung – Eintreten für eine Verhandlungslösung – anschließt, ist bisher höchstens teilweise zu erwarten.

Der Krieg in der Ukraine wird nicht, wie inzwischen selbst in den USA eingeräumt wurde, mit einem Sieg über Russland enden. Laut Medien fand im November 2022 in der Türkei bereits »ein geheimes Treffen« statt, auf dem William Burns, der Direktor des US-Auslandsgeheimdienstes CIA, und dessen russischer Amtskollege Sergej Naryschkin »über ein Kriegsende in der Ukraine verhandelten«.[186] Einen Monat später meldete sich der frühere US-Außenminister Henry Kissinger zu Wort und verlangte ein rasches Ende der Kämpfe in der Ukraine. Anderenfalls drohe ein neuer Weltkrieg. Kissinger schrieb in einem am 17./18. Dezember veröffentlichten Beitrag für den konservativen britischen »Spectator«, Russland solle die Territorien behalten können, die es zu Kriegsbeginn kontrollierte, also die Krim und Teile des Donbass. Über den Rest der russischen Eroberungen seit Februar müsse verhandelt und der Wille der dortigen Bevölkerung durch erneute Referenden eingeholt werden. Es sei Zeit für den Westen, die bisherigen Erfolge der Ukraine – etwa ihre faktische Anbindung an die NATO – in politische Realitäten zu verwandeln. Ihre Neutralität sei keine Option mehr, so Kissinger. Überlegungen, Russland militärisch besiegen oder aufspalten zu können, nannte er »leichtfertig und gefährlich«.

185 Il Manifesto, 1.12.2022.

186 Süddeutsche Zeitung, 15.11.2022; Merkur, 16.11.2022.

Der Weg zu einer Verhandlungslösung ist lang. Aber schon dessen Einleitung wird eine Niederlage für die Meloni-Regierung sein. Im Ergebnis eines solchen Prozesses erhalten die Friedenskräfte Auftrieb.

Einmal mehr ruhen damit die Hoffnungen auf den Arbeiterkämpfen, der Basis der Friedensbewegung, auf dem antifaschistischen Widerstand, aber auch am Festhalten an demokratischen Traditionen unter den verschiedensten Vertretern der Intelligenz und von Kräften von Mitte Links.

ANHANG

Politische Parteien

Nach dem Zusammenbruch des alten Parteiensystems 1991/92 entstandene Formationen (Auswahl)

Die Lega

Die Lega entstand am 8./9. Februar 1991 durch den Zusammenschluss der zwischen 1983 und 1987 entstandenen sechs regionalen Ligen der Lombardei, Piemonts, Liguriens, des Veneto, der Emilia Romagna und der Toskana. Sie füllte einen Teil des durch den Zusammenbruch des alten Parteiensystems (Democrazia Cristiana, Sozialistische Partei, Republikaner) 1991/92 entstandenen Vakuums. Der auf einen scharfen, zunächst vor allem antimeridionalen Rassismus und Separatismus gegründete Bund stieg rasch zur stärksten parlamentarischen Kraft Norditaliens auf. Bei den Kommunalwahlen 1992 erreichte er 20 und mehr Prozent (in Mantua 34 %) der Wählerstimmen und warf die politisch abgewirtschaftete DC völlig aus dem Rennen.

Die Führung der Lega übernahm Umberto Bossi, Jahrgang 1941, Sohn eines Kleinbauern und Gelegenheitsarbeiters, der sich über Facharbeiterabschluss und Abitur emporgearbeitet hatte. Er vertrat ein widersprüchliches und ahistorisches Konzept eines Padania getauften norditalienischen Separatstaates und sah in Langobarden, Kelten und Franken die geschichtlichen Ahnen der Norditaliener, stellte ihre Zugehörigkeit zu Mitteleuropa statt zum Mittelmeerraum heraus, konkret auch schon mal direkt zu Deutschland. Dem lag die berüchtigte faschistische Blut-und-Boden-Ideologie zugrunde, an deren Stelle lediglich die etwas weniger diskreditierten »ethnischen und kulturellen Differenzen« traten. Die sezessionistische Linie der

Lega kam lange Zeit in Losungen wie »Weg von Rom« und »Die Lombardei den Lombarden« zum Ausdruck. An Stelle des Zentralstaates forderte sie eine Föderation autonomer Regionen Nord-, Mittel- und Süditaliens, angefangen bei der Steuerhoheit und regionalem Wehrdienst bis hin zur unabhängigen Renten- und Sozialversicherung, Selbstständigkeit im Arbeitsrecht und Preisgefüge. Die Forderungen nach regionaler Autonomie und föderalen Strukturen entsprangen vor allem den ökonomischen Interessen der großen Konzerne, sich am supranationalen »Alpengroßraum« zu beteiligen. Unter diesen Gesichtspunkten zählte FIAT zu den Protegés der Lega. Ihre Forderungen nach einer Abspaltung Norditaliens gab die Lega zugunsten eines weitgehenden Autonomiestatus auf, da diese im Widerspruch zu dem von der Alleanza Nazionale (AN) vertretenen Standpunkt der Einheit des Nationalstaates standen. Die Lega beteiligte sich an den Regierungen Berlusconis mit der AN.

2013 trat Matteo Salvini die Nachfolge Bossis an, der wegen Korruptionsfällen zurücktreten musste und 2017 zu 2½ Jahren Gefängnis verurteilt wurde. Salvini rückte vom »Padanien«-Projekt eines Separatstaates ab und stellte die Partei landesweit auf. Bei den Parlamentswahlen im März 2018 trat sie nur noch unter dem Namen Lega an. An Stelle Berlusconis übernahm Salvini die Führung der rechten Allianz aus FI, FdI und Lega und trat als deren Spitzenkandidat an. Salvini bekannte sich grundsätzlich zu den Rassengesetzen Mussolinis, verlangte, »den Begriff der Rasse« wieder einzuführen und einen »Sonderbeauftragten für Roma und Sinti« zu ernennen.

Nach seinem Amtsantritt 2018 als Vizepremier und Innenminister in der Regierung mit der Fünf-Sterne-Bewegung (M5S) nutzte der Lega-Chef jede Gelegenheit, sich zum Erbe Mussolinis zu bekennen. In der Kampagne der faschistischen Rechten zu den EU-Wahlen im Mai 2019 drehte sich alles um den 1945 hingerichteten Diktator. In Forli hielt Salvini eine Wahlkampfrede vom Balkon des Palazzo Comunale, von dem aus Mussolini im August 1944 zu seinen Anhängern gesprochen hatte, während gegenüber an Laternenpfählen vier ermordete Partisanen aufgehängt wurden.

Unter dem Schlagwort einer angeblichen »Flüchtlingsinvasion« begann Salvini in der Regierung eine von fanatischem Ausländerhass geprägte Politik, die nicht nur keine Migranten mehr ins Land ließ, sondern sogar darauf gerichtet war, die bereits in Italien lebenden Einwanderer zu vertreiben. Nach einem von Salvini im Parlament eingebrachten und verabschiedeten »Sicherheitsdekret« wurde Flüchtlingen, die den Folterungen, Vergewaltigungen und Misshandlungen in libyschen Lagern entkommen und von NGO-Rettungsschiffen im Mittelmeer aufgenommen worden waren, die Einfahrt in italienische Häfen verweigert. Kapitänen, die trotzdem anlegten, wurden Strafen bis zu einer Million Euro angedroht.

Forza Italia (FI)

Die Gründung der Partei Forza Italia erfolgte am 6. Februar 1994 durch den Besitzer des Medienimperiums Fininvest, Silvio Berlusconi, auf einer von seinem Sender Rete Quattro landesweit übertragen Versammlung. Vier Tage später verkündete er, mit der Alleanza Nazionale (AN)[187] und der Lega Nord sowie aus der untergegangenen Democrazia Cristiana (DC) hervorgegangenen Splittergrüppchen eine Wahlallianz Polo della Libertà (Pol der Freiheit) zu bilden und als ihr Spitzenkandidat zu den Parlamentswahlen im April 1994 anzutreten. Der gewählte Parteiname war der Schlachtruf seines Fußballclubs AC Milan, der aber allgemein das Kampfgeschrei aller italienischen Fußballfans bei internationalen Spielen ist: Forza Italia (Vorwärts Italien, Starkes Italien). Mit der FI entstand eine Partei faschistischen Typs, wie sie die faschistische Putschloge Propaganda due (P2), deren Dreierdirektorium Berlusconi angehörte, geplant hatte, um einen Wahlsieg des sozialdemokratischen PDS zu verhindern und »der Linken den Zutritt zur Regierung zu verwehren.«[188] Die P2 hatte der frühere Mussolini-Aktivist Licio Gelli mit Hilfe der

187 Diesen Namen hatte das Movimento Sociale Italiano (MSI) zur Verdeckung seiner Gründung 1946 als Nachfolger der Mussolini-Partei angenommen.

188 Giovanni Ruggeri / Mario Guarino: Berlusconi, Showmaster der Macht, Berlin 1994, S. 222 f.

CIA gebildet. Offiziell wurde Berlusconi 1978 unter der Mitgliedsnummer 1816 aufgenommen. Da er seine Mitgliedschaft unter Eid leugnete, wurde er wegen falscher Zeugenaussage rechtskräftig verurteilt.[189]

Beim Aufbau der Forza Italia diente ihm das 1945 von den Mussolini-Faschisten geschaffene und sich parteiunabhängig darstellende Uòmo Qualunque, Vorläufer des MSI, als Modell.[190] Die gesamte Führungsstruktur der Forza-Partei setzte sich aus leitenden Managern der Fininvest-Holding Berlusconis zusammen, die formell aus dem Unternehmen ausschieden. Als eine Art Sekretariat oder politisches Büro fungierte das zur Fininvest gehörende Meinungsforschungsinstitut Diakron Spa, das gleichzeitig als Personalbüro diente, das die in Parteifunktionäre verwandelten Manager einstellte und auch bezahlte. Der Mailänder Rechtswissenschaftler Mario Losano hob die faschistoiden Züge der Mediendiktatur hervor und nannte sie eine »Medien-Agora«, eine »Erbin der ›ozeanischen Versammlungen‹ der Mussolini-Zeit«, mit der der Medientycoon nicht nur in den Teilnehmerzahlen, sondern auch in der Beeinflussung der Massen Mussolini übertraf.[191]

Wenn bürgerliche Ideologen versuchten, die Einschätzungen zum faschistoiden Charakter der FI Berlusconis als linke Übertreibungen, wenn nicht gar Erfindungen hinzustellen, so verwies der 2001 verstorbene Doyen des italienischen Journalismus, Indro Montanelli, diese ins Reich der Phantasien. Der konservative Kolumnist des Mailänder *Corriere della Sera* sah Berlusconi, zu dessen politischem Weltbild die Bewunderung für Hitler wegen dessen »heldenhaften Versuchs, Europa vor dem sowjetischen Imperialismus zu retten« gehörte, durchaus in einem Faschisierungsrahmen, als »nationalistischen Einpeitscher«, als »lächelnden Diktator«, mit Reden vom Balkon, wo er vom unsterblichen Italien schwadroniere, »mit nationalis-

189 Ebd., S. 81.

190 Elisabeth Fix, a. a. O., S. 203.

191 Mario G. Losano, a. a. O., S. 75.

tischen Phrasen, welche die Italiener wenigstens kurzzeitig trunken machen können.«[192] Berlusconi gewann mit seiner Koalition im März 1994 die Parlamentswahlen mit knapp 43 %. Das von Berlusconi gebildete Kabinett schätzte *Manifesto* als »schwarze Regierung aus Faschisten und Monarchisten, Lega-Leuten und christdemokratischem Schrott, Industriellen, Anwälten und Managern der Fininvest« ein.[193] Zur Errichtung eines Präsidialregimes schuf Berlusconi ein Ressort für »institutionelle Reformen«, das die antifaschistischen Grundlagen der Verfassung beseitigen, die reine Mehrheitswahl des Parlaments sowie die Direktwahl des Staatspräsidenten und des Premiers einführen und den Senat als zweite Kammer abschaffen sollte. Da die erste Regierung Berlusconis nach 226 Tagen am 12. November 1994 stürzte, blieben die diktatorischen Vorhaben in Anfängen stecken. Mit Berlusconi übernahm zum ersten Mal in der italienischen Geschichte und wohl auch der parlamentarischen Demokratien überhaupt der mächtigste und einflussreichste Kapitalist des Landes die Regierung. Es wurde bald ersichtlich, dass der Fininvest-Chef auch deshalb nach der politischen Macht griff, um sein eigenes Imperium zu retten, mit dem er regelrecht vor dem Bankrott stand. Nach einer Berechnung der *Repubblica* vom 15. Oktober 1993 war er bei einem Jahresumsatz von umgerechnet elf Milliarden D-Mark mit etwa sieben Milliarden verschuldet. Wäre eine Mitte-links-Koalition an die Regierung gekommen, hätte das Berlusconis Ruin bedeuten können. Er musste mit einer Novellierung des Mediengesetzes, einer Nichtverlängerung der Lizenzen, einer drastischen Erhöhung der Konzessionsgebühren, einer Übernahme der Brüsseler Vorschriften für den Medienbereich rechnen. Schon einer dieser Faktoren hätte eine tödliche Wirkung für ihn haben können.[194] Nach seinem Amtsantritt missbrauchte Berlusconi dann ständig sein hohes Amt, um seiner Fininvest Vorteile und Einkünfte zu verschaffen.

192 L'Espresso, 21.1.1994.

193 L'Espresso, 15.5.1994.

194 Jens Petersen: Quo vadis Italia, München 1965, S. 181.

2008 gewann Berlusconi in einer Koalition mit AN und Lega nochmals die Wahlen, 2011 wurde er zum Rücktritt gezwungen. 2009 hatte er die Forza Italia, um breitere Wählerschichten anzusprechen, in Partito del Popolo della Libertà (PdL) umbenannt, was er als Neugründung ausgab. 2013 kehrte er zum alten Namen Forza Italia zurück.

Alleanza Nazionale (AN)

Im Vorfeld der Parlamentswahlen im März 1994 nannte MSI-Führer Gianfranco Fini[195] zur Verdeckung ihres Charakters die Nachfolgepartei Mussolinis in Alleanza Nazionale (AN) um. Zunächst, um den harten Kern ihrer Wähler nicht zu verunsichern, trat sie zu den Wahlen noch unter dem Doppelnamen Movimento Sociale-Alleanza Nazionale an. Der eigentliche Umbennungs-Kongress fand dann im Januar 1995 in Fiuggi bei Rom statt. Die AN wurde mit dem Ziel gebildet, »eine viel breitere Front zu schaffen, die eine viel größere Gefolgschaft um sich schart als das MSI, jedoch ohne auch nur im Geringsten die Vergangenheit zu leugnen; die auf nichts verzichtet, sondern die gemeinsamen Ziele weiter verfolgt«, schätzte der Historiker Corrado De Cesare ein.[196] Mit National wählte Fini ein Synonym, an das schon Mussolini anknüpfte, als er seine 1921 gegründete Partei national (Partito Nazionale Fascista) nannte. Während ihm so ein verblüffendes Bekenntnis zum faschistischen Erbe gelang, konnte er gleichzeitig »die Erneuerung des MSI behaupten, ohne dass diese stattgefunden hätte«, schätzte der Rechtsgelehrte Mario Losano ein und fügte hinzu, dass auch »die Orientierung an der faschistischen Ideologie, (…) wenn auch mit verbalen Abänderungen und Abschwächungen, de facto eine Konstante dieser Partei geblieben« ist. Auf dem AN-Kongress im April 2002 bekräftigte Fini den faschistischen Charakter der Partei und ihr Festhalten am Erbe Mussolinis.

195 Fini war 1987 Nachfolger des MSI-Gründers Giorgio Almirante geworden. Mit Jahrgang 1952 gehörte er nicht mehr zur alten Garde der Mussolini-Faschisten und eignete sich gut, die Fortsetzung des MSI in der AN zu vertuschen.

196 Corrado De Cesare, a. a. O., S. 93 f.

Vor den 2.000 Parteitagsteilnehmern führte er aus: »Wir haben unsere Seele nicht verkauft« und bekannte sich ausdrücklich zur faschistischen Kontinuität. Dementsprechend begab sich zum Abschluss des Kongresses eine Abordnung von 200 Delegierten demonstrativ zur Grab- und Gedenkstätte Mussolinis in Predapio, wo sie die »guten Taten« des »Duce« würdigte und erklärte, »wir schauen in die Zukunft, aber wir werden der Vergangenheit nicht abschwören«.[197]

Als sich im Frühjahr 2011 nach Niederlagen bei Kommunalwahlen Berlusconis Sturz abzeichnete, brach Fini das Bündnis mit ihm und wollte, gedeckt von FIAT-Chef und Confindustria-Präsident Montezemolo, zur Zusammenarbeit mit dem Partito Democratico übergehen. Die AN geriet in eine Krise. Um zu verhindern, dass die Mitglieder Fini folgten, gründete Meloni nach dem Fall Berlusconi, im November 2011 2012 gemeinsam mit dem MSI/AN-Aktivisten Ignazio La Russa, in der letzten Regierung Berlusconi Verteidigungsminister, und einer Mehrheit der AN-Mitglieder die Partei Fratelli d'Italia. 2014 wurde sie zur Vorsitzenden gewählt.

Fratelli d'Italia (FdI)

Der Name der Partei entspricht der ersten Textzeile der italienischen Nationalhymne, die zugleich ihr oft verwendeter Titel ist. Um die Herkunft aus der AN, einer Fortsetzung des MSI zu verdecken, wurde ursprünglich auch hinzugefügt Centro Destra Nazionale (Nationale Rechte Mitte). Vorsitzender wurde La Russa. Um die früheren AN-Mitglieder nicht zu verlieren, wurde auf dem ersten Parteitag im Februar 2014 der Name in Fratelli d'Italia – Alleanza Nazionale (Brüder Italiens – Alleanza Nazionale«) geändert. Der Kongress fand zur Betonung der Herkunft aus der AN im Kurort Fiuggi bei Rom statt, wo 1995 der AN-Kongress stattfand, der die Umbernennung des MSI in AN beschloss. Giorgia Meloni wurde als Nachfolgerin von La Russa zur FdI-Führerin gewählt. Als Parteisymbol übernahm die Brüderpartei die seit der Gründung des MSI

197 La Repubblica, 6.4.2002.

im Logo geführte Flamme über einem schwarzen Sarg, die den Geist Mussolinis verkörpern soll. Als Meloni 2022 aufgefordert wurde, auf die Flamme im Parteilogo zu verzichten, weigerte sie sich mit den Worten: »Wir sind stolz darauf.« Seit 2017 nennt sich die Partei nur noch Fratelli d'Italia. Bei den Parlamentswahlen im Februar 2013 traten sie im Verbund mit den Berlusconi stützenden Parteien an und erreichten 2 Prozent der Stimmen. Bei den Parlamentswahlen im März 2018 trat die FdI wieder im Wahlbündnis mit der FI und der Lega an und kam auf 4,4 Prozent. Am 25. September 2022 wurde sie in der rechten Koalition mit der FI und der Lega, die auf 43 % kam, mit 26 % stärkste Partei.

Partito Democratico (PD)

Nachdem im April 2006 eine Mitte-links-Koalition die Parlamentswahlen gewonnen hatte, beschloss die Führung der Linkspartei Democratici di Sinistra,[198] sich mit der katholischen Zentrumspartei Margherita (Weiße Wucherblume) zu einem Partito Democratico (PD) zu vereinigen. Ziel war, die Kommunisten auszuschließen, die Mitte zu besetzen und so einer gemäßigten Linken Mitte bei bereits abzusehenden vorgezogenen Neuwahlen die Mehrheit zu sichern. Am 14. Oktober 2007 wurde in Primarie (Vorwahlen) mit 74,5 Prozent der frühere Sekretär der Linksdemokraten, Walter Veltroni, als ihr Chef gewählt, außerdem 2.400 Delegierte für den Gründungskongress, der am 27. Oktober die Leitungsgremien berief. Der Vorsitzende der Margherita, der frühere Chef der Verdi, Francesco Rutelli, der gehofft hatte, die Führung der neuen Partei zu übernehmen, trat ihr nicht bei. Die *La Repubblica* aus Rom, nunmehr Sprachrohr des PD, stellte Veltroni als Vertreter der »authentischen produktiven Bourgeoisie« eines »demokratischen Kapitalismus« vor, der für

198 De facto der aus der Umwandlung des Partito Comunista Italiano (PCI) 1989/90 hervorgegangene sozialdemokratische Partito Democratico della Sinistra (PDS), der sich 1998 in Democratici di Sinistra umbenannte und damit der bei Gründung des PDS noch verkündeten Berufung auf PCI-Gründer Antonio Gramsci eine Absage erteilte.

einen »demokratischen Pakt zwischen Arbeitern und Bourgeoisie« stehe.[199] Die Linksdemokraten wollten mit dieser Fusion ihren endgültigen Abschied von sozialistischen bzw. sozialdemokratischen Traditionen, auf die sie sich 1991 bei der Umwandlung der IKP in die Linkspartei PDS noch berufen hatten, bekunden. Italien erlebte nochmals eine bis dahin in der internationalen Arbeiterbewegung einmalige neue Stufe revisionistischer Entwicklung, welche die Linksdemokraten zum Anhängsel einer katholischen Zentrumspartei degradierte, die sich zu den Traditionen der 1992 untergegangenen großbürgerlichen DC bekannte. Die Rechnung ging so allerdings nicht auf. Bei vorgezogenen Neuwahlen im April 2008 errang die Wahlallianz Berlusconis aus seiner in Partei der Freiheit des Volkes (PdL) umgetauften Forza Italia (FI) und der Lega Nord nochmals einen Sieg. Der PD, der ein neues Bündnis mit den Kommunisten abgelehnt hatte, kam nur auf 34 %.

Im Dezember 2013 wurde, wiederum in Primarie, der PD-Mitbegründer und frühere rechte Christdemokrat Matteo Renzi zum Sekretär gewählt. Er kündigte offiziell an, die 1991 aus der IKP in die Linkspartei gekommene alte Funktionärsgarde zu verschrotten, was ihm den Beinamen »Rottamatore« (Verschrotter) einbrachte. In diesem Kontext wollte er den Namen des PD in »Partei der Nation« abändern, um ihre anteilige Herkunft aus der Linkspartei zu tilgen und sie in eine »Partei für alle« umwandeln. Im Februar 2014 Premier schloss Renzi mit Berlusconi, der im November 2011 zum Rücktritt gezwungen worden war, einen sogenannten »Pakt von Nazareno«,[200] der ihm im Senat, wo er keine Mehrheit besaß, die Stimmen der Forza Italia sicherte.

Bei einem Treffen mit Confindustria-Präsident Giorgio Squinzi am 3. November 2014 erneuerte er den bei der PD-Gründung geschlossenen Pakt mit dem Kapital und versicherte den Unterneh-

---

199 La Repubblica, 10.2.2008.

200 Benannt nach der Straße, in der sich der Sitz der PD-Zentrale befindet, wo Renzi sich mit Berlusconi dazu traf.

mern, er werde vor den Gewerkschaften »keinen Schritt zurückweichen«, sein »Stabilitätsgesetz« (Haushaltsgesetz) werde »kein Gegenstand von Verhandlungen mit den Gewerkschaften sein« und er werde sich »auch vom PD nicht aufhalten lassen«.[201]

Aus Protest gegen Renzis gewerkschaftsfeindlichen Kurs verließen etwa 100.000 Linke den PD. Im Dezember 2016 scheiterte Renzi in einem Referendum über eine Parlamentsreform (Abschaffung des Senats als zweiter Kammer) und trat danach als Premier zurück. Bei den Parlamentswahlen im März 2018 fiel der PD von 40,8 Prozent (2014) bei den Wahlen zum EU-Parlament auf 18,7 Prozent ab. In der Folge trat Renzi auch als PD-Sekretär zurück.

Am 3. März 2019 wurde der Regierungschef der Region Latium, Nicola Zingaretti, in öffentlichen Parteivorstandswahlen von 70 Prozent der etwa 1,8 Millionen Teilnehmer zum neuen Sekretär bestimmt. Daraufhin verließ Renzi im September 2019 mit seinen Anhängern, darunter ein Fünftel der Abgeordneten und Senatoren, den PD und gründete die Partei Lebendiges Italien (Italia Viva, IV). Zingaretti gehörte noch zu der aus der IKP hervorgegangenen alten »linken Garde« des PD, die Renzi »verschrotten« wollte. 2007 hatte aber auch er sich an der Fusion mit der Margherita zum PD beteiligt. Nachdem Sturz der 2019 mit M5S gebildeten Regierung trat der PD der unter Mario Draghi gebildeten Regierung der »nationalen Einheit« mit der Forza Italia Berlusconis und der Lega Salvinis bei. Zingaretti trat aus Protest am 4. März als PD-Chef zurück. Darauf wurde am 14. März Enrico Letta zu seinem Nachfolger gewählt. Der frühere Christdemokrat Letta war 2007 Mitbegründer des PD gewesen.

Fünf-Sterne-Bewegung (M5S)

2007 gründete der Komiker Beppe Grillo, ein mit mehreren Preisen geehrter Schauspieler, eine neue Partei: das Movimento Cinque Stelle (M5S, Fünf-Sterne-Bewegung). Nicht zufällig entstand M5S kurz nach dem Zusammenschluss der Linkspartei Democratici di Sinistra

201 ANSA, 3.11.2014.

mit der katholischen Zentrumspartei Margherita zum Partito Democratico (PD) 2007 und wurde für einen großen Teil deren ehemaliger Mitglieder, die diese Fusion nicht mitmachten, zum Auffangbecken. Dazu trug bei, dass Grillo Ausbeutung, Arbeitslosigkeit, Korruption scharf attackierte, gegen Wahlkampfkostenerstattung auftrat und Diätenkürzungen forderte. Diese Schärfe und Radikalität seiner Kritik war unter den Linken, auch den Kommunisten, kaum noch gebräuchlich. Viele Linke sahen deshalb die Fünf-Sterne-Partei als ihre neue politische Heimat. Dass Grillo das kapitalistische System gar nicht in Frage stellte, fiel im Trommelfeuer seiner vorgeblichen Kapitalismuskritik kaum auf. Als M5S 2013 erstmals zu den Parlamentswahlen antrat, erreichte sie auf Anhieb 25,6 Prozent und belegte den dritten Platz. Auch dass Grillo von Anfang an nach rechts schielte und enge Kontakte zu Nigel Paul Farage, Chef der britischen UK Independence Party (UKIP) hielt, blieb lange Zeit verborgen. Er teilte dessen Ablehnung der EU und wollte mit ihm in Straßburg eine gemeinsame Fraktion bilden.

Zu den Parlamentswahlen im März 2018 wurde M5S von 32,6 Prozent der Italienerinnen und Italiener gewählt. Eine Regierung mit dem PD, der auf 19 Prozent abgesackt war, lehnte Grillo ab und ließ nun die Katze aus dem Sack: er bildete eine Regierung mit der faschistischen Lega. Diese war zwar selbst nur auf 17 Prozent gekommen, aber die Allianz aus Berlusconis FI und den Fratelli d'Italia (FdI) hatte fast ebenso viele Stimmen wie M5S erreicht. Dass an die Spitze dieser Exekutive der parteilose Jura-Professor Giuseppe Conte trat, der als Sympathisant von M5S galt, half zunächst, deren durch die Lega geprägten Charakter zu verhüllen. Diese sich demagogisch als »gelb-grün« bezeichnende Regierung aus Lega und M5S kopierte jedoch »in beängstigender Weise den historischen Faschismus«, stellte der Professor für Philosophie, der antifaschistische Publizist Giuseppe Aragno klar. »Salvini von der Lega, der Bürgerwehren zur Jagd auf Migranten aufstellt, verkörpert die aus dem Squadrismo Mussolinis bekannte Schlägerseele«. Die Schützenhilfe der M5S für die Lega erinnere »an typische Stützen, deren sich der aus den Reihen der Sozialisten kommende Mussolini bediente«, so Aragno.[202] Als Salvini im August 2019 bei dem Versuch, Premier Conte zu stürzen, um selbst Regierungschef zu werden, scheiterte, setzte die linke Basis die Bildung einer Regierung unter Conte mit dem PD durch. Diese Regierung brachte der frühere EZB-Banker Mario Draghi im Januar 2021 zu Fall und bildete eine sogenannte »Regierung der nationalen Einheit« aus PD, M5S mit der Forza Italia (FI) von Ex-Premier Berlusconi und der in weiten Teilen offen rassistischen Lega. Unter dem Druck der M5S-Basis und um – als Resultat der Regierungskooperation mit der Lega – bei Regionalwahlen auf 7 % abgesackte Stimmenanteile zurückzugewinnen, lehnte Conte, der inzwischen die Führung der Fünf-Sterne-Partei übernommen hatte, aber nicht in die Regierung eingetreten war, die Unterstützung der Ukraine im Krieg gegen Russland »bis zum Sieg« ab, was im Juli 2022 zum Rücktritt Draghis führte.

Potere al Popolo

Am 17. Dezember 2017 formierte sich in Neapel die linke Organisation Potere al Popolo – Die Macht dem Volke (PaP). Ihre Ursprünge gehen auf das neapolitansiche Centro Sociale »Je so' pazzo« (Ich bin verrückt) zurück. Eine aktive Rolle spielte das Kollektiv »Clash City Workers« der Stadt.[203] Neben Vertretern der Basis-Gewerkschaften, der No-TAV-Bewegung und früheren Democratici di Sinistra beteiligten sich auch der PRC und PCI an der Gründung, um auf ihrer Liste zur Parlamentswahl im März 2018 anzutreten.[204] PaP stellte sich zu dieser Wahl als antikapitalistische Linke vor, die entschieden gegen die faschistischen Allianz-Parteien Stellung bezog.[205] Am

202 Zitiert nach: »Ein schwarzes Jahr«, in: junge Welt, 20.12.2018.

203 Der Name ging auf das Lied »Clash City Rockers« (1977) der britischen Band The Clash zurück, das dazu aufrief, sich zu organisieren, um alles radikal zu verändern.

204 Il Manifesto, 10.3.2019.

205 »Der Regierungsvertrag ist offen rassistisch«, Interview mit dem Autor in: junge Welt, 25.5.2018.

4. März 2018 verfehlte PaP mit 1,1 Prozent Stimmen jedoch den Einzug ins Parlament deutlich. Zur Wahl am 25. September 2022 bildete PaP mit Kommunisten des PRC und weiteren Linken eine Unione Popolare (Volksunion), für die der frühere Bürgermeister von Neapel (2011-2021) und Anti-Mafia-Ermittler Luigi de Magistris als Spitzenkandidat antrat. Mit 1,2 % verfehlte sie jedoch erneut klar den Einzug ins Parlament.

Partito Azione

Die Zentrumspartei Azione wurde 2019 von Carlo Calenda, bis dahin Mitglied des PD, gegründet. Calenda war von 2004 bis 2008 Assistent für internationale Angelegenheiten des Präsidenten des Industriellenverbandes Confindustria, Luca Cordero di Montezemolo, darüber hinaus politischer Koordinator von dessen Denkfabrik »Italia Futura«. Nach dem Fall Berlusconis 2011 initiierte er für den Übergangs-Premier Mario Monti, früherer EU-Kommissar, zu den Parlamentswahlen 2013 eine Bürgerliste Scelta Civica, die aber nur 10 % erreichte. Danach wurde er in der Regierung des PD unter Enrico Letta Vizeminister für wirtschaftliche Entwicklung, von 2016 bis 2018 Minister und ständiger Vertreter Italiens bei der EU, 2019 Mitglied des Europäischen Parlaments.

Zur Wahl am 25. September 2022 schloss er sich mit seiner Partei zunächst dem Bündnis des PD an. Als Letta die Sinistra Italia (SI) unter dem Ex-Kommunisten Fratoiani aufgenommen hatte, verurteilte er dies, verließ das Bündnis und gründete mit der Italia Viva Matteo Renzis und der Formation Più Europa (Mehr Europa) einen Pakt der Republik, später Dritter Pol genannt.

Italia Viva (IV)

Im September 2019 verließ der frühere PD- und Regierungschef Matteo Renzi mit seinen Anhängern, darunter ein Fünftel der Abgeordneten und Senatoren, den PD und gründete die Partei Lebendiges Italien (Italia Viva, IV). Anlass war, dass der im März 2019 zum neuen Parteichef gewählte Regierungschef der Region Latium,

Nicola Zingaretti, geäußert hatte, der PD müsse sich wieder stärker links ausrichten. Zu den Wahlen am 25. September 2022 schloss sich Renzi dem Dritten Pol Calendas an.

Faschistische Bewegung

Hier werden zwei der einflussreichsten offen terroristisch agierenden faschistischen Gruppen angeführt.

Forza Nuova (FN)

Forza Nuova (»Neue Kraft«, FN) wurde 1997 von Roberto Fiore, einem faschistischen Terroristen der »Spannungsstrategie« gegründet, der die Partei bis heute leitet. Ihre Mitgliederzahl wird auf etwa 2.500 geschätzt. Die international vernetzte FN wirkte u. a. mit der deutschen NPD zusammen. Sie gibt das gleichnamige Blatt »Forza Nuova« heraus. Agiert als Vortrupp der Lega, u. a. bei der von Salvini 2019 in Rom inszenierten Vertreibung von Sinti und Roma unter Losungen wie »verbrennt sie« und »schlagt sie tot«.

Casa Pound

Casa Pound formierte sich 2003 im Zuge der Besetzung eines leerstehenden Gebäudes in der Nähe des Bahnhofs Roma Termini. Das sechsstöckige Mietshaus wurde nach dem US-amerikanischen und rassistischen Dichter Ezra Pound benannt, einem Anhänger Mussolinis. Vorsitzender wurde und ist noch heute Gianluca Iannone, der vorher als rechter Skinhead aktiv war. In von ihr betriebenen Buchhandlungen vertreibt Casa Pound u. a. den Hitler-Faschismus verherrlichende Schriften. Casa Pound gab 2017 über 13 regionale Organisationen an ca. 50 Standorten des Landes mit 20.000 Mitgliedern an. Mit eigenen Sozialen Netzwerken und Protesten gegen den Sozialabbau versucht Casa Pound, sich ein »linkes« Image zu verschaffen. 2012 demonstrierten ca. 6.000 Anhänger gegen die Regierung Monti.

Kommunistische Parteien

Zur Information über die vier in verschiedene Parteien gespaltene kommunistische Bewegung werden diese kurz angeführt.

Partito della Rifondazione Comunista (PRC)
Im Dezember 1991 von Mitgliedern, die die Umwandlung des von Antonio Gramsci 1921 gegründeten Partito Comunista Italiano (PCI) in den Partito Democratico della Sinistra (PDS) im Januar 1991 nicht mitgemacht hatten, als Nachfolger gegründet. Programmtisch heißt denn auch schon im Parteinamen »kommunistische Wiedergründung«. Zählte einst rund 130.000 Mitglieder (heute nur noch ca. 10.000) und erhielt bei Parlamentswahlen, zu denen sie bis 2006 eigenständig antrat, zwischen 5 und 8,5 Prozent der Stimmen. Zu den Wahlen 2008 trat sie mit dem PdCI, den Verdi (Grünen) und verschiedenen Linken in einem Bündnis Sinistra Arco Baleno (Regenbogen-Linke) an. Dieses Bündnis fiel mit 3,1 % unter die Sperrklausel von 4 %. Die Partei war Gründungsmitglied der Europäischen Linkspartei (EL) und stellte mit Paolo Ferrero seit 2016 deren Vize-Vorsitzenden. Parteivorsitzender ist seit 2017 Maurizio Acerbo.

Partito Comunista Italia (PCI)
1998 spaltete sich eine Gruppe vom PRC ab und bildete den Partito Comunista d'Italia (PdCI), der 2016 zur Betonung seiner kommunistischen Identität und als Bekenntnis zum Erbe Gramcsis den Namen des von diesem gegründeten PCI annahm und wieder Hammer und Sichel ins Logo nahm. Vorsitzender der etwa zehn- bis fünfzehntausend Mitglieder zählenden Partei ist seither Mauro Alboresi.

Partito Comunista dei Lavoratori (PCL)
Trennte sich 2006 als Gruppe Progetto Comunista vom PRC und bildete die Kommunistische Arbeiterpartei. Ein maßgeblicher Mitbegründer war der Philosophieprofessor Marco Ferrando, Mitglied

der Leitung der trotzkistischen IV. Internationale. Ferrando betonte in *Manifesto* (12.6.2007) den »nicht unbedingt trotzkistischen Charakter seiner Partei«, die für »eine antikapitalistische, politisch und organisatorisch unabhängige Linke«, die eine »massive Dosis Sozialismus« einschließen müsse, eintrete. Der PCL ist Mitglied des Koordinierungskomitees der Neugründung der Vierten, trotzkistischen Internationale. PCL-Vorsitzender ist Marco Ferrando.

Partito Comunista (PC)

2014 formierte Marco Rizzo eine weitere Kommunistische Partei, die wie die anderen genannten KPs Hammer und Sichel ins Logo nahm. Rizzo war Mitglied des 1991 aufgelösten PCI gewesen, hatte danach zu den Gründern des PRC gehört, diesen 1998 verlassen und den (PdCI) mitgegründet. Alberto Lombardo folgte im Januar 2023 Rizzo auf dem Posten des Generalsekretärs nach.

Häufig verwendete Abkürzungen

AN	Alleanza Nazionale
ANSA	Agenzia Stampa, italienische Nachrichtenagentur
CIA	Central Intelligence Agency
DC	Democrazia Cristiana
ENI	Ente Nazionale Idrocarburi
FdI	Fratelli d'Italia
FI	Forza Italia
FIAT	Fabrica Italiana Automobile Torino
IKP	Italienische Kommunistische Partei (PCI)
ISP	Italienische Sozialistische Partei (PSI)
M5S	Fünf-Sterne-Bewegung
MSI	Movimento Sociale Italiano
OSS	Office of Strategic Service
PD	Partito Democratico
PDS	Partito Democratico della Sinistra
P2	Propaganda due, Geheimloge
PRC	Partito della Rifondazione Comunista
SID	Servizio Informazione Difesa
SIFAR	Servizio Informazione Forze Armate
SISDE	Servizio Informazione e Sicurezza Democratico
SISMI	Servizio Informazione e Sicurezza Militare

Literaturauswahl

Alf, Sophie G.: Leitfaden Italien. Vom antifaschistischen Kampf zum Historischen Kompromiss. Berlin 1977.

Azzarà, Stefano G.: Steht ein neuer Faschismus vor der Tür?, in: Marxistische Blätter 5/2000.

Barbieri, Daniele: Agenda nera. Trent'anni di Neofascismo in Italia. Rom 1976.

Bellu, Giovanni Maria; D'Avanzo, Giuseppe: I Giorni di Gladio. Rom 1991.

Bordon, Frida: Lega Nord im politischen System Italiens. Wiesbaden 1997.

Caprara, Massimo: L'Attentato a Togliatti. Padova 1978.

Cipriano, Antonio e Gianni: Sovranità limitata. Storia dell'eversione atlantica in Italia. Rom 1991.

De Cesare, Corrado: Il Fascista del Duemilla. Le Radicci del Camerata Gianfranco Fini. Mailand 1995.

Del Boca, Angelo: Le Guerre coloniali del Fascismo, Roma/Bari 1991.

Del Boca, Angelo: I Gas di Mussolini. Il Fascismo e la guerra d'Etiopia. Rom 1996.

Del Boca, Angelo / Giovana, Mario: I Figli del Sole. Mezzo secolo di Nazifascismo nel Mondo. Mailand 1965.

De Lutiis, Giuseppe: I Servici segreti in Italia. Rom 1991.

Evola, Julius: Il fascismo. Saggio di una analisi critica dal punto di vista della destra. Rom 1954.

Feltrinelli, Carlo: Das Leben meines Vaters. München/Wien 2001.

Ferrera, Marcella e Maurizio: Cronache di vita Italiana 1944-1958. Rom 1960.

Flamigni, Sergio: La tela del Ragno. Il delitto Moro. Mailand 1993.

Flamigni, Sergio: Trame atlantiche. Storia della Logia massonica segreta P2. Mailand 1996.

Friedman, Alan: Agnelli. Das Gesicht der Macht. München 1989.

Gaddi, Giuseppe: Neofascismo in Europa. Mailand 1974.

Giovana, Mario: Le nuove camicie nere. Turin 1966.

Gossweiler, Kurt: Kapital, Reichswehr und NSDAP 1919-1924. Berlin/DDR 1984.

Gramsci, Antonio: Zu Politik, Geschichte und Kultur. Ausgewählte Schriften. Frankfurt a. M. 1986.

Grassi, Gaetano (Hg.): Verso il governo del popolo. Atti e documenti del CISNAL 1943/1946. Mailand 1977.

Ignazi, Piero: Postfascisti? Dal Movimento Sociale Italiano ad Alleanza Nazionale. Bologna 2000.

Irnberger, Harald: Die Terrormultis. Wien/München 1976.

Locatelli, Gofredo / Martini, Daniele: Duce addio. La Biographia di Gianfranco Fini. Mailand 1994.

Losano, Mario G.: Sonne in der Tasche. Italienische Politik. München 1995.

Lusso, Emilio: Marsch auf Rom und Umgebung. Wien/Zürich 1991.

Masini, Pier Carlo: Mussolini. La Maschera del Dittatore. Pisa 1999.

Poggiali, Ciro: Appunti segreti dell Inviato del Corriere della Sera. Mailand 1971.

Procacci, Giuliano: Geschichte Italiens und der Italiener. München 1983.

Ruggeri, Giovanni / Guarino, Mario: Berlusconi. Showmaster der Macht. Berlin 1994.

Scheuer, Georg: Genosse Mussolini. Wien 1985.

Schreiber, Gerhard: Deutsche Kriegsverbrechen in Italien. München 1996.

Schüssler, Susanne (Hg.): Berlusconis Italien. Italien gegen Berlusconi. Mit Beiträgen von Benni, Camilleri, Eco, Malerba, Moretti, Tabucchi u. a. Berlin 2003.

Silone, Ignazio: Der Fascismus. Seine Entstehung und seine Entwicklung. Frankfurt a. M. 1984 (Reprint).

Tarchi, Marco: Dal MSI ad AN. Bologna 1997.
Tasca, Angelo: Glauben, gehorchen, kämpfen. Der Aufstieg des Faschismus in Italien. Wien 1986.
Togliatti, Palmiro: Lektionen über den Faschismus. Frankfurt a. M. 1973.
Wallisch, Stefan: Aufstieg und Fall der Telekratie. Wien/Köln/Weimar 1997.

Dokumente (nach Erscheinungsjahr)

Fascismo e Antifascismo 1936-1948. 2 Bände. Mailand 1962.
Féderazione International des Résistants (FIR): Die neofaschistische Gefahr in Italien. Wien 1971.
Féderazione International des Résistants (FIR): Neofaschismus im Europa von heute. Dokumentation. Wien 1972.
Italia 1945-1975. Fascismo. Antifascismo. Resistenza. Rinnovamento. Mailand 1975.
Costituzione italiana. Turin 1975.

Der Autor zum Thema

Marsch auf Rom. Faschismus und Antifaschismus in Italien. Köln 2002.
Berlusconi ein neuer Mussolini? 2. Auflage. Essen 2003.
Wie Italien unter die Räuber fiel. Und wie die Linke nur schwer mit ihnen fertig wurde. Köln 2012.
Geschichte Italiens. Vom Risorgimento bis heute. Köln 2008, erweiterte und fortgeschriebene Auflage 2015.
Mussolini und kein Ende? Die Saat ist fruchtbar noch. Köln 2020.

VERLAGSANZEIGE